都市に生きる新しい公共

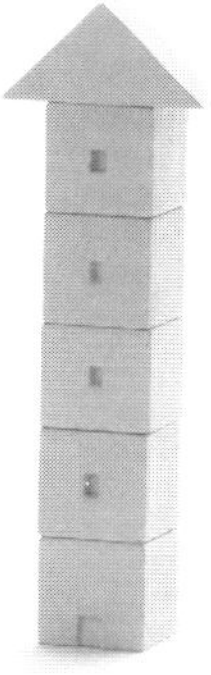

都市に生きる新しい公共

奥野信宏・栗田卓也

岩波書店

はしがき

東日本大震災は、二〇一一年三月一一日の暦とともに末代まで語り継がれる出来事だろう。地震と津波、原発事故は甚大で多重的な打撃を国民と国土に与えた。

振り返ると戦後の日本社会は、経済発展と歩調を合わせて大きく変貌してきたが、総じて多くの人びとは成長の恩恵に浴してきた。しかし特に二一世紀に入ってからは、経済の成熟化と経済成長の頭打ちに伴って平等社会と信じられてきた日本で格差問題が顕著となり、同時に、他者への共感と協調性という日本社会の特質の喪失が懸念されていた。

しかし東日本大震災は、日本社会の礎となるこれらの部分が、依然として損なわれていないことを再確認させた。被災地では、被災した住民・企業・地方自治体だけでなく、国内外の多くの人びとが協力して復興を支えていく姿が現れている。生命の危機に曝された直後の住民の冷静な行動、過酷な避難所暮らしの中での他者への思いやりや協調的な行動には海外からも驚嘆と称賛が伝えられた。同じようなことは阪神淡路大震災の時にもみられた。震災直後から住民や多くの市民の多種多様な活動が展開され、一九九五年はボランティア元年と称されるようになった。

「新しい公共」という言葉が、近年、しばしば用いられるが、本書では、公共心を持って社会で必要とされるサービスを提供する活動や活動主体、また、それらの意義を評価する価値観を指している。東日本大震災の被災地では、市民ボランティアやＮＰＯ法人の生活支援活動以外にも、復旧・復興のための志ある資金の提供、被災企業の立ち上げ支援など、新しい公共の多様な姿をみることができる。

今回の被災に関しては、「絆」という言葉が頻繁に用いられている。これに対し本書では人の「繋がり」という言葉を用いている。絆という言葉はややもすれば情緒的で人を束縛する響きを与えるように思うが、ここではあえて繋がりという言葉を用いることによって、人びとの自律的な取組みが日本社会を支える機能に注目しようとしている。

ところでわが国では、少子化による人口減少と人口構成の高齢化が進行していて、国民の間には将来に対する漠然とした不安感が漂っている。現在のわが国で求められるのは程よい成長に支えられた先進国に相応しい安定感ある社会の構築だろう。その鍵を握るのが新しい公共の育成だと考える。前著『新しい公共を担う人びと』では、主に地方圏における新しい公共の取組みを紐解いていった。これに対し本書では、都市圏に息吹く新しい公共の担い手の多様な取組みの実例をもとに、それらが都市の魅力をどのように創出し、豊かで安定感ある地域社会の形成に寄与するかを分析する。

第Ⅰ部「安定感ある社会の実現」では、一九五〇年代から八〇年頃までの高度成長期と安定成長期を振り返りながら、わが国が置かれている現状を概観し、特に大都市圏の国際競争力の低下を克服すべき課題として提示する。既に成熟化した日本社会でも安定感のある社会を実現するには程よい成長は必要であり、その起爆地となるのは都市圏である。

第Ⅱ部「都市圏の街づくりと新しい公共」では、都市圏における新しい公共の多様な取組みについて典型的な事例を取り上げ、活動の役割と課題を考える。全国の都市圏で展開されている活動には、多種多様な人びとが登場する。地域の住民・商店主・企業主・NPO法人はもちろん、大企業にあって地域に目を向け企業活動と地域社会のあり方を模索する人、それらを背後から支える行政職員ら枚挙にいとまがない。活動も幅広く多様であるが、それらの新しい公共を担う人びとに共通するのは、苦労はあるが楽しんで地域社会を支えている姿であり、人の繋がりをつくる新しい公共の意味が再認識される。これらの取組みでは、都市圏の特徴として企業力を活かした新しい公共の事例が前面に出てくることに、読者は気づかれるであろう。

これまで街づくりといえば行政が中心であったが、行政が果たす役割は取組みごとに異なっている。新しい公共の取組みと行政の役割に定式はなく、現場ニーズに即して意味のある繋がりを個々に構築していくことの重要性が示唆される。

第Ⅲ部「都市を支える広域連携」では、都市の魅力を高める視点から、広域都市圏の都市相互の連携が持つ意味を考える。このような典型事例として、関西歴史街道計画、グレーター・ナゴヤ・イニシアティブ、九州広域観光、三遠南信連携などを取り上げるが、これらの取組みにおいて現場で交流・連携を担うのは新しい公共の人びとである。

本書と前著を通じて、市民一人ひとりがよりよく生きる上での新しい公共の重要性に着目してきた。筆者らの新しい公共観は、一言でいえば、市場経済と行政が機能するには、それらを支える基盤として地域社会が必要であり、それは人の繋がりによって成り立っているということである。地域社会における人の繋がりは、戦後の発展過程において、地方圏でも大都市圏でも弱体化した。新しい公共にはそれを再生させることが期待される。

新しい公共による国土づくりと地域社会における役割への着眼に端を発した筆者らの関心は、地方圏から都市圏に自ずと到達することになった。その過程で多くの取組みとそれを支える人びとの姿に触れることができた。取組みの対象や規模に違いはあっても、現場のニーズを理解し、解決しようとする使命感と責任感が創造性を生み出していることが実感され、机上の作業にとどまらず不断に現場との接点を持つことが大事であることを思い知らされた。本書によって、地方圏だけでなく都市圏における新しい公共の役割について、読者の理解が深まることになれば望外の喜びである。

本書の執筆にあたって、さまざまな分野と地域の方々のお世話になった。筆者らの問題意識に応え現場に誘っていただいた取組みの主導者の方々から得られるものは大きく、刺激に満ちたものであった。それをタテ糸とするならば、多様な領域の研究者や政策責任者などとの意見交換はヨコ糸と位置づけられる。お世話になった方々に厚くお礼を申し上げたい。

最後に、本書を発刊できたのは、前著に続いて筆者らの問題意識を的確に理解し、執筆を後押ししていただく中で有益なご意見をいただいた岩波書店編集部の髙橋弘氏に負うところが大きい。ここに感謝を申し上げる。

二〇一二年七月

奥野信宏、栗田卓也

目　次

装丁＝森　裕昌

第Ⅰ部　安定感ある社会の実現

第1章　日本の成長は歴史の悪戯か

第1節　偶然の繁栄か

羨望から反面教師へ

最近の大学生や若い世代の多くは、数パーセントで着実に成長する経済が感覚として理解できないようで、経済というのはプラス成長が少し続いたと思えばゼロかマイナスになり、その時期に卒業が重なると就職活動で苦労する、というのが実感のようだ。預貯金の金利は定期預金でも微々たるものだが、低金利が二〇年近くも続くと壮中年の世代でも利子所得の感覚が鈍り、定年後の生活資金として貯蓄をし、年金に利息を足して生活する生涯計画はすっかり影をひそめた。

一九五〇年代から約二〇年間に亘って続いたわが国の高度成長は、東洋の奇跡と称賛された。実際、アジア諸国が成長への離陸(テイク・オフ)すら考えられなかった七〇年代初頭に、アジアの先頭を切って先進国の仲間入りを果たした。高度成長は七三年秋の第一次石油ショックの頃に終わって経済は安定成長期に入り、成長率こそ従来の約半分の五%程度に低下したが、それでも他の欧米先進諸国の約二倍弱であり、世界経済を牽引する国家であった。

わずか十数年前まで、日本は世界で華やかな脚光を浴び、羨ましがられ、時に妬まれる存在だった。しかし現在の状況をみると、あれは「偶然の繁栄」だったのかと目を疑いたくなる。当時は、日本の繁栄の必然性がいろいろな側面から言われていた。日本人はもともと優秀な上に勤勉だとか、社会モラルや規律がしっかりしている、手先が器用でものづくりに向いている、官僚機構が優秀だ、社会のまとまりが良い、浪費をせず貯蓄に励む、封建時代から教育熱心だった等々、数え上げればきりがない。さまざまな褒め言葉を自分たちで並べていたし、海外からも聞こえていた。実際、九〇年代初めに二一世紀は日本の世紀と謳った英書も出版されていた。* しかし世界の日本を見る眼は、あれよあれよという間に手のひらを返したように変わった。日本のことなら何でも見習う雰囲気が、今では停滞の象徴とされ、反面教師にされている。

アニマル・スピリットによる成長

現在の停滞は、九〇年代前半のバブル崩壊に続く生産年齢人口の減少や、九〇年代半ばから影響が危惧されるようになった人口減少・高齢社会の到来など、次々と生起する課題についての悲観的な予想も原因になっているのだろうが、高い発展段階に達した国が突き当たる共通の壁でもある。

発展の初期段階での急速な成長は、いわゆるアニマル・スピリット（動物的精神）が牽引力になる。わが国でも一九五〇年代には電気がない家は地方では普通にあったし、終戦直後の混乱期は別にしても、白米が食べられず、芋粥や麦飯でお腹をふくらますことは、現在の団塊の世代でもかなりの人は経験しているはずである。しかし飢えの心配がなくなり生活に少しでも余裕ができると、人びとはそれまでは手に入らなかった物を求めるようになる。特に経済が離陸し始めると、家電製品やオートバイ・自動車、その他の耐久消費財を希求し、先を争って購入しようとする。そうした需要の高まりに応えるため企業はリスクをとって積極的に投資し、それが更に別の投資を誘う、投資が投資を呼ぶ状態になって高度成長が実現する。

新しいライフスタイル

「物の豊かさか、心の豊かさか」の二者択一の世論調査が政府によって七〇年代から実施されている。当初は、物の豊かさが後者をしのいでいたが、七〇年代の終わり頃から心の豊かさが前者を上回るようになった。*逆転したのが既に三〇年以上も前で、その過程を生活感覚として理解できない世代が多数になっているが、この変化は、わが国の物質的な豊かさが高い水準に到達したことの現れだろう。成熟社会という言葉がしばしば使われる。それが「量的拡大のみを追求する経済成長が終息に向かう中で、精神的豊かさや生活の質の向上を重視する……社会」（『大辞林』）と定義されるとすれば、わが国もその頃に成熟社会に入ったと言える。

　両者の差はそれ以降も傾向的に拡大しているが、人びとが求める心の豊かさの内容は発展とともに変化し、多様になってきているように思う。一九七〇年代頃は所得が高くなり日々の生活も安定して、次の段階として漫然と心の豊かさを思っていたのではないか。しかし現在では、所得とは別の生活の

表 1-1　1 人あたり年間労働時間の推移

暦年	時間
1960	2,432
1970	2,239
1980	2,108
1990	2,052
2000	1,859
2010	1,798

注）数字は 30 人以上規模の事業所の 1 人あたり平均年間総実労働時間.
出典）厚生労働省資料.

表 1-2　平均寿命の推移（歳）

暦年	男	女
1950	59.57	62.97
1960	65.32	70.19
1970	69.31	74.66
1980	73.35	78.76
1990	75.92	81.90
2000	77.72	84.60
2010	79.64	86.39

出典）厚生労働省資料.

質に関わる内容が具体的になっており、それの実現が一人ひとりにとってよりよく生きることへの思いにつながっている。

一つには、日常生活において「公共心」に重きが置かれるようになったことがある。ボランティア活動やＮＰＯ（Non-Profit Organization）活動、企業のＣＳＲ（Corporate Social Responsibility）活動（社会貢献活動）の活発化など、いわゆる「新しい公共（新たな公）」への期待が高まっている。行政機関に勤務していても、ビジネス社会にいても、公共への貢献が仕事の共通の動機になっていることが多くみられる。ソーシャルビジネス（社会的企業、三五頁以下参照）が盛んになりつつあるが、一般の企業でも本業を通じたＣＳＲの実践や公共への貢献を基本に据えている企業は多い。

二つ目に、公共心と関係するが、「簡素な生活」（シンプル・ライフ）を指向する人びとが多くみられるようになった。高級ブランド品でなくても、品質さえ良ければ所得階層を問わず低価格を謳った品が広く受け入れられているし、環境に優しい商品が選択されること、田舎暮らし・田舎体験指向などは典型例である。

わが国は、過去の成長によって所得が高くなっただけでなく、労働時間も年を追って短くなり、平均寿命も長くなって人びとは長い自由時間を手に入れた（表1-1、表1-2）。国民の間にはそれをよりよく生きることに結び付けたいという強い欲求がある。地方圏でも大都市圏でも、人びとのそうした欲求に応える地域社会をつくることが、先進国に相応しい安定感ある社会の実現につながると思う。

アジアの奥座敷になる危機

九〇年代からのおよそ二〇年は、失われた二〇年とか、やせ我慢の二〇年とか呼ばれるようになった。確かにここ二〇年、GDPなどの経済関係の数値の伸びは低い。しかしわが国にはそれまでに蓄えた分厚いストックがある。我々にとっては当然のことになっていてあまり意識されないが、個人の一人あたり預貯金額は世界の主要先進国のトップだし、社会資本は鉄道・道路の交通関係インフラにしても、治山治水にしても隅々まで行き届いている。一層の整備充実について要望は多いが、生活と産業の基盤は世界的にみて極めて高い水準に達している。教育は、明治以降、地域と身分を問わずよく浸透していて、人的資源を社会に送り続けてきた。ものづくりをはじめとする日本の産業に対しては、世界から高い信頼が寄せられている。これら有形無形の資産ストックは、高い水準の生活と企業活動を可能にしており、わが国が次の発展段階に進む基盤になる。

しかし他方で、そのことに慢心して改革を怠っている恐れはないだろうか。二〇世紀の世界を主導してきた欧米先進諸国は、一九六〇年代終わり頃から七〇年代にかけていわゆる先進国病に陥り経済の国際競争力が低下した。わが国は当面は先人が築きあげた巨大なストックに寄りかかって、大国としての豊かな生活を享受できる。しかしいずれ物質的な豊かさを失い、アジアの奥座敷になりかねない。

失われた二〇年を外在的な要因に帰すことは簡単であるが、原因がわが国に内在している可能性については、常に心に留めておかなければならない。それらは第一に、世界の環境変化についていけず転換に失敗した非効率な部分を、過去の成長気分が拭いきれず非効率なまま温存していないかである。イギリスでは、過去、雇用の維持を目的に国際競争力を失った産業を次々と国有化して保護し、経済が疲弊した経緯がある。政府規制などが既得権益化して改革が進まない状況に陥っていないかどうかが絶えず検証されなければならない。第二に、発展の過程で日本固有の社会が崩壊し、それが国民の生活基盤を脆弱にしていることである。

必要な、程よい成長

高い成長でさまざまな社会問題を覆い隠してしまおうという考え方は高度成長期の遺物だが、所得水準の高い先進国でも程よい成長は必要である。

経済成長が人びとの幸せにどのような意味を持っているかについては議論があり、わが国で成長に対して批判的な世論が出てくる時代は、一定間隔をおいて巡ってきている。現在のそれに対する批判は、成長が温暖化の原因になっているなど主に地球環境との関係で投げかけられている。高度成長期の終わり頃には、公害や過疎・過密など成長の歪みが顕在化して、国民生活を犠牲にした成長至上主義という批判が起こった。七〇年前後であるが、「くたばれＧＮＰ」とか「ＧＮＰよさようなら、福祉よこんにちは」といった刺激的な言葉が新聞に躍っていた。しかし高度成長が終わって成長率が低下し、財政が厳しくなると福祉施策も思うように進まなくなり、感情的な成長批判は影を潜めた。

経済の伸び率が高いことと水準が高いこととは、当然ながら別である。人びとが求めることは、成長の果実としての高い所得とそこから得られる生活の満足である。わが国の所得は既に十分に高い段階に達しており、継続的な経済成長を求めるべきではないという意見は強い。近年、わが国や欧米諸国で、成長によってもたらされた豊かさは何か、人の繋がりなど貨幣で捕捉できない価値をどうとらえるかなどについて関心が高まってきている。

日本経済は高度成長期と安定成長期を経て成長の停滞期に入っているが、再び成長を取り戻すことの意味は何だろうか。わが国では、当面、一人あたりの国民所得水準を維持することが課題になっているが、成長しない経済ではいわゆるゼロサム社会の難しさがある。国民所得が成長しないと、誰かの所得の上昇は他の誰かの下落になり、すべての人が同時によくなることはできない。したがって社会がギスギスして、いろいろな事柄について社会の合意を得ることが難しくなる。こうした社会では、人びとが協働して活動することも難しくなるかもしれない。成長がもたらす税収増の意味も大きい。行政の累積債務が重くのしかかっているが、自然増収が期待できるようになれば債務の縮減や新しい事業の実施にあたっての軋轢も減少する。

成長の止まった国家は、たとえ水準は高くても同じ豊かさではあり得ない。政府の長期見通しでは、実質年二・五〜三％程度の成長が目標として提示されている。人口減少社会の経済成長では、GDPの総額よりも人口一人あたりの所得に注目すべきであるが、それに換算してみても、政府や地方自治体の財政の累積赤字の削減を可能にし、環境の制約なども考慮しながら、なおかつ手の届く成長率という意味で程よい水準だと思う。

大都市圏の疲弊と凋落

今やわが国でもすっかり有名になったスイスの国際経営戦略研究所（IMD：International Institute for Management Development）が発表する各国の競争力ランキングでは、わが国は一九九〇年代前半には世界トップ三に名を連ねていたが、二〇一〇年には二〇番代後半へと著しく低下している。*

二〇一〇年に内閣府が実施した世論調査でも、「我が国の国際競争力が低下していると聞いたことがありますか」という質問について、回答者の七六・九％が「ある」と答えている。感覚的な質問に対する回答であるが、国民の間に国の国際競争力について懸念が広がっていることは確かである。**

地方圏の疲弊が言われるが、疲弊しているのは地方圏だけではなく、大都市圏の国際競争力も凋落している。国際的にみて、わが国の大都市圏は依然として高い経済力と優れた都市環境を有しており、ビジネス環境や外国人の生活の快適さなどを総合すると、東京などはニューヨークやロンドンに匹敵する評価を得ている。しかし競争力は急速に低下しており、その弱体化を表す指標には事欠かない。

多くの機関がいろいろな側面から評価しているが、アジア地域のビジネス拠点としての魅力度についての調査をみると、東京も、近い将来、上海や香港、シンガポールなどの諸都市の後塵を拝すると予想されている。* 投資家や不動産・金融関係者を対象にした投資先として有望な都市の調査でも、ここ数年で東京の順位は顕著に低下しており、日本の大手生命保険会社や信託銀行なども海外に調査部門を設けて海外企業への投資を強化しつつある。都市型産業といえばＩＴや金融などであるが、これらの産業での東京圏の国際競争力が強いとは言えない。また映画・芸能、漫画・アニメ、日本食などのいわゆるクールジャパンと呼ばれる分野が主要国で注目されるようになってきていて、オタクの限界を脱しつつあるのは光明だが、将来どこまで浸透するかは予断を許さない。

大都市圏には人的資源や企業の中枢機能、金融、マーケット、大学・研究機関、交流・連携機能、文化・芸術機能、国際空港・港湾等々、重要な資源の大半が集中している。その一方で、治安の悪化や通勤電車の混雑、職場から遠い自宅、物価高など、世界共通ではあるが陰の部分がある。こうした陰の部分にもかかわらず、大都市圏の魅力は、地方圏に比べ圧倒的である。しかしそれらが大都市圏の国際競争力として活かされているかどうかは、別の問題である。

東京は国内では一人勝ちで、全国から人的・物的資源や資金等々の多様な資源を集中させている。東京にはそこから新しい価値を生み出すことが期待されているが、東京あるいは首都圏が、日本の資源をブラックホールの如く飲み込み、消滅させている危惧はないだろうか。

第2節　新たに始まる発展のサイクル

本格化する大都市圏の人口減少・高齢化

人口減少や高齢化は、これまでは地方圏の問題だったが、大都市圏の問題としても目前に迫ってきた。大阪圏と名古屋圏では、二〇一五年人口は二〇一〇年を下回り、東京圏でも二〇二〇年人口は二〇一五年を下回って、以降減少すると見込まれている。高齢化も急速に進行する。これまで若年層が地方圏から大都市圏へ大量に移動したため、大都市圏では人口のピラミッド構造を維持してきた。しかし若年層の増加がないまま、ピラミッド下部の厚い年齢層が上方の高齢者層にシフトし、東京都でも二〇三五年には老年人口(六五歳以上人口)比率は三〇%を超えると見込まれている(表1-3)。

しかし問題は比率より実数である。高齢者の実数は、二〇〇五年から三五年にかけて、東京圏の一都三県では約四六〇万人、大阪府や愛知県でも八〇万人以上増加する。東京圏だけの増加でも、島根県の人口の六倍以上の増加になる(表1-4)。多くの高齢者が孤独な生活を強いられており、団地の高齢者単独世帯で起こる問題の報道が目につくようになったが、高齢者単独世帯は、二〇〇五年から三〇年にかけて三大都市圏のいずれでもほぼ倍増する。東京圏で、高齢者数が増加する地域を地図上に落としてみると、首都圏郊外の厚木市・相模原市・多摩市・府中市・草加市・市川市・印西市などで目立っているが、これらの地域は、かつて多くの団地が造成され首都圏に流入した若年層の受け皿と

表 1-3　高齢者の人口比率の推移(%)

	2005 年	2035 年
東京都	18.5	30.7
大阪府	18.7	33.3
愛知県	17.3	29.7

注）数字は 65 歳以上の人口比率.
出典）国立社会保障・人口問題研究所「日本の都道府県別将来推計人口」(平成 19 年推計).

表 1-4　高齢者人口の実数の推移(万人)

	2015 年 (2005 年比)	2035 年 (2015 年比)
東京都	＋約 83	＋約 74
大阪府	＋約 68	＋約 14
愛知県	＋約 52	＋約 30
東京圏 3 県	＋約 186	＋約 114

注）数字は 65 歳以上の人口数.
出典）国立社会保障・人口問題研究所「日本の都道府県別将来推計人口」(平成 19 年推計). 東京圏 3 県は神奈川県, 埼玉県, 千葉県.

なった地域である。

かつて若さに溢れていた大都市圏が、活力の源だった人口構造に復讐される。高齢社会への対応は、大都市圏でも待ったなしどころか、地方圏よりも深刻な影響を与える。地方圏では、高齢化は深刻ではあるが状況の把握はできている。しかし大都市圏では、高齢社会がもたらす社会や経済への影響について理解が浸透しているとは言えない。大都市圏でこれから表面化する人口減少・高齢化と関係して起こる社会問題への対応には、従来とは全く異なる仕組みが求められる。

高齢化は長寿の印であり歓迎すべきことである。しかし高齢者の増加が若年人口の絶対的な減少を伴って起こると、働き手の減少や消費支出の停滞、年金財政の不安定化など、マクロ経済には解決を迫られるさまざまな困難が生じる。もっとも高齢者の定義を、現在の六五歳から引き上げれば、高齢者比率も実数も減少する。実際、高度成長期には一般の会社の定年は五〇歳代前半だったし、高齢者の定義を平均余命などに合わせて引き上げることは不自然なことではない。しかしそれによっても高齢化に内在する問題が解消するわけではない。移民や外国人の増加策によって一定の成果をあげた国の例はあるが、それらは新たな困難を国内に持ち込む恐れがある。

大都市圏は、経済の牽引役としての国際競争力の強化と高齢社会への対応という、二律背反的な課題を抱えて解決を迫られている。わが国は、次世代のために、どのような社会を遺すかを真剣に考えなければならない段階にある。

なぜ都市が主導するのか

政府の世論調査で、国として国際的・広域的視点を踏まえた大都市圏戦略に取り組むべきという考え方について、賛成とする者の割合が七八・三%に上っている。大都市圏の国際競争力が低下していて、その対策が将来の日本のために必要だという認識が共通になっていることが窺われる*。

わが国は多くの課題は抱えているものの、世界の最先進国で、産業でも所得水準でも、また生活環境やインフラ基盤においても世界に冠たる国家である。それにもかかわらず先進国らしい「安定感ある社会」と言い難い背景には、若年世代の人口減少と高齢者の増加が進行する中で、国を主導すべき大都市圏の魅力をいかに増すかについて、方向性が明確になっていないことがあるのではないか。

大都市圏が着目される理由は大きく二つある。第一は、三大都市圏が日本の所得(GDP)の約三分の二を生み出していることである。これらに札幌市、仙台市、福岡市などの政令指定都市を加えると、七割を超える。各都市圏は将来に対して課題を背負い苦闘しているが、現在ではそれぞれが大きな経済力を持った地域に成長している。互いに限られたパイを奪い合うのではなく、それぞれが内発的に発展することを目指さなければならない。

第二に、都市圏が、文化の創造・情報発信基地としての高い機能を持っていることがある。経済的な価値が生み出される源泉は、労働や資本、技術開発などであり、どれが本質的かはイデオロギーにもよるが、人びとの交流・連携は経済分野に限らず新しい価値を生み出す要因である。古今東西を問わず、人が集まり交流・連携する所で文化が創られ、富が蓄積されて人材が育まれてきた。それは江戸時代に日本各地の宿場町や港町でみられたことであり、それらが現代にも受け継がれている。都市圏、とりわけ大都市圏では、ビジネスや学術・文化、芸能などの多様な分野において出会いの場が提供されており、成功するチャンスが与えられている。もっとも海外の事例をみていると、研究学園都市が大都市圏にあるとは限らないし、芸術や文化活動も大都市圏から距離を置いた地域にみられたりする。大都市圏だけが創造的な空間というわけではないが、人びとが交流・連携する機会は大都市圏では豊富である。

都市の魅力は、多様な人びとが集まり、顔をつき合わせた交流・連携が行えることにある。情報通信の発達は、人が直接会って情報交換する機会を代替しうるが、書類が船便や航空便で海外と行き来していた時代と異なり、ネット社会の発達とともに交換される情報は年を追って瞬時かつ大量になっていて、研究活動などでも、各国の研究者が直接に会わなければならない機会は却って増加している。研究開発拠点が国際的に機能するには、国際空港から一時間以内のアクセスが望ましいと言われる。

所得の上昇によって人の時間価値は高まっており、移動に要する時間の短縮や快適性への要求は強くなっている。都市には、そういう人びとの交流・連携を支えるソフト・ハードの機能も整っており、それが都市の魅力になっている。

街づくり、四つの視点

都市圏の街づくりの視点は大きく四つある。第一は、ビジネス活動が効率的に行える街である。大都市圏では、世界的なビジネス競争と同時に人びとの日常生活が営まれておりビジネスだけで語ることはできないが、ビジネス拠点としての魅力の視点は持たなければならない。ビジネス活動に必要な街の機能は、都市規模や立地する産業などによって異なるだろうが、企業の中枢機能を支援するサービス産業や起業を目指すベンチャー型企業などいわゆる都市型産業は、ビジネス機能の強化にとって重要である。またビジネスでは時間コストは重要であり、所得の高い人ほど時間コストは高く、長い通勤時間はそれだけで損失である。これらはとりわけ首都圏で深刻である。

第二は、住みよい街である。大都市には魅力と裏腹の猥雑さがあり、それが治安の悪さや街の乱雑さにつながりがちである。わが国の都市は、防犯・治安のよさで海外の都市と比べ高い評価を得ているが、犯罪は増加しており、防犯力の強化や治安の向上に新しい公共の役割が期待される。

高齢者にとって住みよい街をつくる視点も重要である。高齢社会では、高齢者は弱者ではなく普通の市民である。高齢者にとって歩きやすい街かどうか、使いやすい公共交通が整っているかどうか、日常的な生活施設や娯楽施設が容易に利用できるかどうか、安心して暮らせるかどうかなどは、高齢者だけでなくすべての市民にとって大事であり、都市圏の魅力になる。

第三は、国際的に活用される街である。海外企業の誘致は全国の都市圏で関心が高く、誘致活動が展開されている。しかし企業の国際化は進んでも、街の国際化はおしなべて遅れている。都市観光の推進はわが国の中心的な政策目標であるが、電車の切符の購入一つをとっても、販売機は初めての外国人旅行者には使いにくいし、外国人ビジネスマンや研究者が赴任しても、住みやすい居住環境が整っているとは言えない。初めて海外赴任するときには生活の不安はつきものだが、外国人ビジネスマンや研究者の子供の学校、病院など生活を支える基盤は首都圏では比較的整っているだろうが、その他の都市では貧困である。企業活動に必須の国際弁護士、国際会計士、通訳・翻訳等々の支援機能についても同様である。

第四に、歴史や文化が感じられ、環境に優しい街である。大都市圏の質の高い道や広場、それらがデザインを凝らしたビルと織りなす空間は都市の魅力そのものである。しかし現代では、放っておくとどこの都市でも同じようなビルの陳列場になりかねない。街を散策して土地に根ざした歴史や文化が感じられることは都市の魅力として殊のほか大事だろう。都市圏の環境保全については、「水と緑のネットワーク」と「鉄道ネットワーク」の二つのネットワークが鍵を握っている。前者は都市化に伴って失われてきており、後者はクルマ社会の中でその意義が見失われている。わが国の都市圏は、大都市圏だけでなく地方都市でも鉄道路線を軸に街の形ができていることが多く、街づくりと環境保全において鉄道の持つ意味を再認識することが求められる。

都市は、市民・企業の民間と行政とによって支えられているが、行政が行う都市空間の管理は最低限を確保するということになりがちである。それを超える質の高い、きめ細かい管理運営は市民や民間企業の力に拠ることが多く、それらは都市における新しい公共の活動領域と位置づけられる。

エンジンの再始動

目指すべき「先進国に相応しい安定感ある社会」というのは、程よい成長に支えられて、人びとがよりよく生きることを追求できる社会である。それを創るのは人びとの交流と連携であり、新しい公共は、そのための重要な社会の制度である。

一九五〇年代後半からの日本の高度経済成長は、京浜・中京・阪神・北九州の四大工業都市の産業活動が活性化し、労働力と資本がそれらの地域に集中することから始まった。その結果、これらの都市圏で、道路・公共交通、水資源、下水道等々の社会資本の不足が隘路になって成長を制約する恐れが出たため、都市圏に集中的に公共投資が行われた。それらはわが国の成長を加速させたが、他方で都市圏と地方圏の格差の拡大を招来した。そのため、一九六〇年代後半から公共投資の重点は地方圏に移り、地方圏の産業基盤と生活基盤を政策的に整備して、積極的に格差を縮小させる政策がとられた。実際、都道府県別の人口一人あたり地域所得でみた格差は、過去約四〇年間、波を描きながら傾向的に縮小している。*

国は段階を追って発展する。第一段階は、国全体のパイを大きくする時期であり、高度成長期のように中心となる地域で発展が始まって国の成長をリードする。第二段階は、大きくなったパイを分配する時期であり、都市圏の発展が地方へ波及して地域格差の改善が実行される。続く第三段階では、両者の適度なバランスの実現と維持が図られ、発展の一つのサイクルが収束する。

半世紀前に始まって収束した発展のサイクルが、今、再び始まろうとしている。人は成長し、老いてやがて死を迎えるが、国家に成長の限界はない。より発展した内容を包含しながら絶えず成長を続ける。今回の新たなサイクルの起爆地は都市圏、とりわけ大都市圏であり、起爆剤になろうとしているのは街づくりにおける新しい公共である。そこに人口が減少し、高齢化が進む社会において、高度成長期とは異なった、しなやかさを備えた強い国家を構築する鍵がある。

第2章　新しい公共が創る安定感ある社会

第1節　市場と政府を支える社会

人類の知恵の結晶

わが国は市場経済である。しかし近年、市場原理主義とか、市場至上主義などの言葉が頻繁に聞かれるようになった。このような用語が経済学にあるわけではないが、市場経済に対する人びとの不満の現れだろう。

「市場」というのは、経済学では売り手と買い手が集まって商品を交換する抽象的な場を指す。市場に集まった人びとは、交換が自分にとって望ましいと思えば交換し、望まなければ交換しなければよい。それを繰り返すことによって売り手や買い手の満足(効用)は高まるが、やがて誰もそれ以上の交換を欲しない状態に行きつく。これが最も効率的な状態であり、経済学ではパレート効率と呼ばれる。アダム・スミスの「見えざる手」は、市場での交換によって社会的に望ましい状態が達成されることを言っているが、原理自体はこのように簡単である。しかし公正に運用され、誰もが受け入れるようになるには長い歴史を必要とした。その意味で市場経済は人類の努力の賜である。

市場経済の前提に、市場で需要したり供給したりすることが人びとの自由な判断に基づくということがあり、市場経済は、計画経済に対峙する呼び名として自由主義経済と言われる。また市場に商品を供給するには、農産物では農地が必要だし、工業生産物では機械類が必要である。市場で自由に供給するためには、資本と呼ばれるこれらの生産手段も自由に手に入れられることが前提となっているため、市場経済は、社会主義経済に対して資本主義経済とも呼ばれる。

失敗する市場経済

市場経済は人類の知恵の結晶ではあるが、できることとできないことがある。市場経済が完全に機能してもできないことは、「市場の失敗」と呼ばれる。近年、格差の拡大が深刻な社会問題と受け止められているが、市場の失敗の典型例である。格差は、世帯間の格差にしても地域格差にしても、市場経済が作り出したものである。それを是正する機能は市場メカニズムにも備わってはいるが、格差を作り出す力には到底及ばない。このような市場の失敗を補完するのは行政の役割であり、市場経済において行政が存在する理由の一つはそこにある。

市場の失敗の他にも、市場メカニズムが十分には機能しない事柄はある。世の中に失業はつきものだが、失業というのは基本的には労働供給に見合う需要がないことから起こる。仮に市場メカニズムが機能しているとすれば、賃金が下がって労働需要が増え、失業は解消されるはずである。しかし賃金は、短期的にはそれほど伸縮的に変化しない。そのため失業が多いときには、市場メカニズムに代わって政府が公共支出で雇用機会を作り出し、失業を減らそうとする。失業はまた需要があっても労働者に求人情報が伝わらないことからも起こる。そのため行政は、ハローワークなどで労働機会の情報を提供している。

国家の有事のような事態に対しても、市場メカニズムは無力である。「常時の競争、非常時の協調」という言葉がある。市場経済は自由な競争が基本であり、それがよりよい製品やサービスをより低い価格で需要者に提供する原動力である。市場に関する経済政策の基本方向も競争の推進にある。しかし大規模災害のような国家的な非常時には、人びとの暮らしの維持を市場の競争メカニズムに委ねてしまうことはできない。

なぜ政府は失敗するか

市場経済は、それを補完する行政と一体となって機能するが、しかし行政にもまたできることとできないことがある。行政が機能を十分に発揮しえない事柄は、「政府の失敗」と呼ばれる。

政府の失敗は、市場の失敗ほどには理論的に明確ではないが、一つには、行政の行動原則としての公平性の縛りがある。行政は、財源が税であるため公平を旨とする。行政サービスの便益は不特定多数の人びとに広く行き渡るのが原則であり、特定の個人だけを利する政策をとることは一般的にはできない。一見、そのようにみえる政策でも、実際には多くの人びとの共通の利益となることについて大方の同意が得られていなければならない。

福祉政策などはその典型である。所得分配が極度に不平等になっているとか、絶対的な貧困に陥っていて人間らしい生活ができていない人びとが多数に上るような状況では、街全体の居住環境が悪化したり、社会が不安定になったりするため、特定の個人を利する施策が実行される。自然災害のような誰もが遭遇する恐れのある事態に備える政策も同じであり、その改善が最終的にすべての市民にとって便益になるという合意が前提にある。しかし社会では、想起しうるあらゆることについて事前の合意が準備されているわけではないし、一つのことについて合意ができるまでに時間がかかることがあり、公平性に足を引っ張られて適切な時期に政策が実行できないことがありうる。

二つ目に、行政の能力の限界がある。行政は市民の負託を受けて業務を行うが、経済が停滞していて財政が厳しいような状況では、人手や予算が足りず、市民の要望は強くても実行できないことが出てくる。市町村の役場は、住民の苦情受付窓口でもあるが、市民は地域社会で問題が起こると行政に持ち込み、行政はどうしようもないと分かっていても、姿勢をみせるため予算をつけて期待を持たせたりすることがある。しかし行政支出に対する市民の目は年を追って厳しくなっており、行政の裁量の余地は次第に狭まってきている。

地域社会をつくる新しい公共

市場経済や行政が機能するには、それらを支える基盤としての「社会」が必要である。社会は人びとの日常生活の場であるが、その基本的な機能は交流・連携であり、人びとが互いに繋がり合って初めて成り立っている。

地域の人と人との繋がりは、かつては日本社会にしっかりと存在していた。古くからわが国では「公共」は地域共同体の生活の中にあった。それは特別のことではなく、日常の生活や暮らしを支える基本だった。地域の道路や水路の整備・維持管理などは住民が担っていたし、戦後も一九六〇年頃までは、それらは地域住民の協働によって支えられていた。しかしそれらは地域住民から行政に切り出され、税を徴収して行政が担うことになり、共同体に残された棚田や里山などは荒廃した。

その背景には、高度成長の過程で、地方圏でも都市圏でも地域社会が弱体化したことがある。地方圏での過疎化は既に一九六〇年代半ばから目立ち始め、いずれ農村社会は機能しなくなると言われていたが、その時期は意外と早くやってきた。既に七五年頃には、過疎化によって集落機能の弱体化した農村がどこの地方でも普通にみられるようになった。実際、七七年に第三次全国総合開発計画が出されるが、その主要なテーマは地方の過疎と大都市の過密の解消だった。

一方、大都市圏では、地方から大都市に集まってきた人びとの繋がりはなかなか生まれなかった。隣近所との付き合いに煩わされないことが都市生活の長所として歓迎され、隣人の素性すら分からないのが常態になって、今日に至っている。

大都市圏の人の繋がりは、地域の地縁社会よりもむしろ企業の中で保たれていた。滅私奉公や企業一家などが日本企業の特徴とされ、それらの慣習を支える厚生福利施設や諸手当などの制度も整っていて、それが日本企業の強さの秘密という理解もされていた。しかし九〇年頃から企業のグローバル化に伴って国内の労働市場にも変化が生じ、伝統的な雇用慣行に対する疑問も出てきて、企業一家のような概念は多くの企業で崩壊した。

近年、行政と民間という二分法に加えて、地域コミュニティやNPO、企業のCSR活動などの取組みが目覚ましくなったが、公共の志を持ってサービスを提供するこれらの活動の根底には、地域社会において人と人との繋がりを再構築するという問題意識がある。それらは「新しい公共」と呼ばれていて、市場経済と行政を支えているが、活動への参加が人びとの生き甲斐にもなっている。

本書では、「新しい公共」という時、公共の志を持ってサービスを提供する活動やそのような活動を重視する価値観を指しているが、活動の担い手や組織を表す場合にも用いている。新しい公共は、生活に根ざしたニーズで活動領域が自生的に拡大しており、実態をみつめることが重要である。定義を厳格化すると、それによって逆に視野を限定する恐れがあるため、本書においても同様の姿勢で新しい公共の像をとらえていくこととしたい。

第2節　新しい公共が担うこと、担えること

多様な活動

新しい公共の活動領域は、第一に「行政機能の代替」、第二は「公共領域の補完」である。前者は、行政が本来担うべきサービスを、新しい公共が自らの意思で住民に提供する活動であり、後者は、行

政が本来担うべきとまでは言えないが、公共的価値の高いサービスを提供する活動である。

第一の行政の機能を代替する活動として、河川と河川敷・道路・公園の維持管理を住民の手で行うことや、街づくりで住民や地域の企業が自ら地域像を描いて街並みのデザインについて合意し、関連するハード・ソフトの取組みを実行することなどがある。また公民館などの公的施設を住民が自主的に維持管理する活動や、合併で周辺地域となった旧町村で役所機能を代替する活動など、本来は行政が行ってもおかしくないが、財源や人手不足のために十分なサービスが提供されておらず、新しい公共が代わって取り組む場合もここに含まれる。近年では引退した団塊の世代の土木技術者グループが、橋梁などの社会資本の老朽化について検診を行うなどの活動もある。一般に専門的で高度な技術や多くの資金を必要とする仕事を新しい公共としての住民が恒常的に担うことは難しいが、地域社会の仕組みづくりや運営などソフト面については行政にできない力を発揮する。

第二の公共領域の補完の事例は多く、伝統文化の保存や古民家・街並みの復元、ゴミ分別、地産地食の推進、地域の特産品の発掘・販売、住民の足の確保、自然環境や景観の保全、地域の祭りの催し、農山村や都市での独居老人の世話、子供の地域での育成など多様である。これらの活動は行政と民間の中間領域ということができ、第一のケースと重複する部分もあるが、現在では新しい公共の活動がなければ十分な公共的サービスが供給されない状況にある。

これらの第一と第二の新しい公共の活動は、行政サービスの領域に直接関係するものが多い。それらを支えてきたのは市民や企業などのボランティアとしての奉仕、活動に対する他からの寄附、行政の補助金などであるが、副業としてサイドビジネスで資金を稼ぎ、新しい公共に投入する活動もある。

第三は、民間部門が企業的手法を活用して民間領域で公共性を発揮するケースである。最近、ビジネスとして新しい公共の活動が行われるケースが目立ってきた。地域団体が地域の特産品を発掘しビジネスとして展開する活動などの他に、近年では、企業が多様な分野で公共性の実現にも関心を持って事業を展開し、その結果、新しい公共として行政機能の代替や公共領域の補完に一役も二役もかっている事例がみられる。株式会社である限り私的動機に端を発しているが、配当を求めない株式会社もある。大都市圏の悩みの一つは、行政による子育て環境の不備にあり、女性の社会参画の妨げになっているが、それを補完し、かつ親の交流環境を整備する親育て事業（ペアレンティング）に取り組む株式会社組織の企業（（株）子育て支援）も出現していて、ソフト面で上質な都市空間の形成に貢献している。これらは「新しい民間」の活動とも言えるが、特に企業力が旺盛な大都市圏で特徴的であり、新しい公共の第三の分野として位置づけることができる。

第四は、中間支援機能であり、新しい公共の活動をノウハウや人材などで支援したり、ネットワーク化する機能である。新しい公共が活動するには会計処理や税の支払い、政府や地方自治体の補助・助成の情報把握、行政への申請書類の提出等々の煩雑な仕事をこなさなければならないし、活動によっては行政との良好な関係を築くことも必要とされるが、これらは多くのグループにとっては不慣れな業務である。家庭の主婦が共同で商品開発・販売を行う場合にも、生産管理やマーケティング・資金調達・会計管理などに不慣れなことが多く、それを援助するような活動が重要になってきている。

また地域の団体が相互に連携したり、広域でネットワークを組んだりすることも、活動の中で求められることが多く、その橋渡しを行うこともまた新しい公共の役割である。このような官と民や多様な民間主体の間にたって連携を構築する機能は、新しい公共の触媒機能と呼ぶことができる。

四つの役割を図示したのが図2-1である。同図では機能を、行政機能に近いか民間機能に近いか、公的動機に基づくか私的動機に基づくかによって二つの軸で図示している。一つの活動は、四つの機能の複数にまたがることが多い。図で、①と②、③には重複部分がある。③に含まれるソーシャルビジネスを例にとると、ソーシャルビジネスは企業性とともに事業自体が公共性を有しているが、影の部分はソーシャルビジネスの公共性が①行政機能の代替と②公共領域の補完という機能を担っていることを表している。また副次的効果として、コミュニティ醸成や地域活性化などの効果を実現しているが、③の第一象限と第二象限の部分はそのことも表している。このような副次的効果は、ソーシャルビジネスに限らず事業主体の積極的な意思で発現していることが

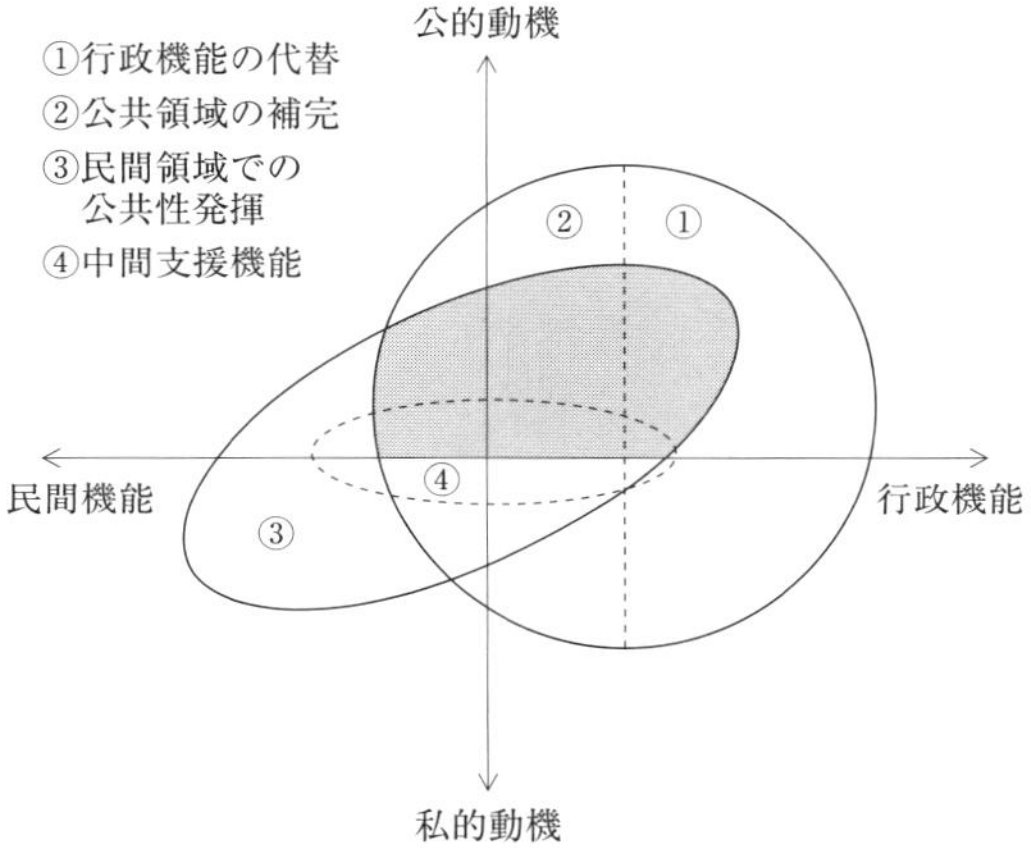

図 2-1　新しい公共の役割

多く、企業のＣＳＲ活動もこの領域で表される。

新しい公共も失敗する

わが国では、高度成長の過程で自治会などの地域コミュニティは弱体化したが、その一方で、新たな住民活動の萌芽が各地でみられるようになっていた。このような活動は政府や地方自治体から強制されたものではなく、各地域のやむにやまれぬ社会状況やビジネス機会になることなどを背景に自然発生的に生まれている。したがって行政施策よりも実態が先行していて、政策面での整備や支援がそれを追いかけている状況にある。

新しい公共は、市場経済と行政を支える社会の基盤であるが、それもまた「失敗」の恐れを内包している。

第一に、政府の失敗がそのまま投影される恐れがある。幅広い市民活動は、各々が好きな楽器を持ち寄って、勝手に吹き鳴らしているところに生命がある。それらが意図と異なって行政によって組織化され、言われたままの下請的な仕事をするようになると、そこに政府の失敗と同じようなことが起こりうる。一般的に新しい公共の活動ではイデオロギーなどの影響は希薄であるが、行政と協働した新しい公共と、そこから距離を置く団体との間に溝が生まれる恐れもある。

第二に、市場の失敗がそのまま投影される恐れがある。新しい公共のビジネスとしての事業は、特に都市圏において有効である。しかし事業がうまく展開すると、民間企業としての経営が中心となり、公共性の理念が薄らいでしまう恐れもないではない。

新しい公共は、これからの日本社会において重要性が増すと思うが、それらを絶対視したり理想化するのではなく、関係者自身が絶えず批判的な視点を持って対峙する姿勢を持たなければならない。

国の基本戦略としての新しい公共

新しい公共の育成は、国内では少子化・高齢化が進み、国際的には多くの国々が政治や経済、生活で密に影響し合いながら機能するような社会において、しなやかに強い国をつくる政策の基本になっている。

歴代の国土計画の理念は「交流・連携が生み出すダイナミズム」である。人びとの交流・連携が価値を生み出す源泉であることに、国土政策は早くから気づいていた。しかし交流・連携の内容は時代とともに大きく変化しており、それを現代で体現しているのが新しい公共である。

わが国の最初の国土計画は、一九六二年の全国総合開発計画(全総)であるが、その目標は、大都市圏の発展の成果を地方圏に波及させるために、道路・鉄道などの交通施設や地方の開発拠点を整備して、大都市圏と地方圏の交流・連携を促すことにあった。その後の新全総などもそれを継承しているが、八七年の四全総では、ハードの整備に加えて、ソフトの交流・連携の重要性が謳われ始め、多様な主体の参加による国土づくりの必要性が唱えられた。続く九八年の五全総では、地域住民やボランティア団体、ＮＰＯ法人、民間企業などの多様な主体の参加と連携による国土づくりが具体的に謳われている。

二〇〇八年に策定された第六次の国土計画である国土形成計画では、それらの活動と組織は「新たな公」と呼ばれていて、その育成が国土づくりの五つの基本戦略の一つとされ、土台として他の四つの戦略を支える位置づけがされている。

五つの基本戦略とは「東アジアとの円滑な交流・連携」、「持続可能な地域の形成」、「災害に強いしなやかな国土の形成」、「美しい国土の管理と継承」と、これらを基盤として支える「「新たな公」を基軸とする地域づくり」である。これらの戦略に、それぞれハードの社会資本整備とソフトの人びとの現場での取組みが位置づけられており、過去の計画と異なってソフトの社会基盤の構築が、ハードの社会資本整備とともに国土政策の車の両輪と考えられている。

「災害に強いしなやかな国土の形成」については、砂防施設や堤防などのハードの備えは前提だが、東日本大震災や阪神淡路大震災でも、古くは五〇〇〇名を超える死者・不明者が出た一九五九年の伊勢湾台風においても、平時の地域コミュニティの活動が、死傷者の軽減や被害の復旧に貢献したという報告がなされている。新しい公共の活動は、参加する市民にとっては日常生活の中の楽しみであり、生き甲斐であるが、有事においては地域を護る機能を持っており、平時の楽しみが有事の安全につながっている。

「東アジアとの円滑な交流・連携」については、国際空港・港湾やそれへのアクセスなどのハードの整備が必要である。一方、ソフトの取組みとして留学生の交流を例にとると、海外からの留学生が日本で学ぶには大学によるカリキュラムの整備などが大事だが、それだけで学習環境が整うわけではない。大学と地域社会の人びととの協働が不可欠であり、全国各地で企業による奨学金制度、社員宿舎の提供、市民による自宅への招待、経済団体による企業見学会等々が実施されている。

新しい公共の役割は、地域に住む人びと相互の交流・連携、地域と地域、地域と海外などの交流・連携によって新しい価値を生み出すことにある。大都市圏でも地方圏でも同じだが、独りで住み孤食に耐えている高齢者が、家の外で語り合える仲間が出来るだけで表情が明るくなり、それだけでも高齢社会の社会的費用は減少する。そこから始まり、地域の人びとが協働してよりよく生きることができるように自ら取り組む姿勢が出てくると、活動は地域づくりへと展開する。「個」を「孤」にしないことは、課題の克服だけでなくメリットも生み出す。その過程で他の地域や海外の取組みとの交流・連携も行われるようになり、世界的なネットワークで活動する団体も育ってくる。「新たな公」は、今では「新しい公共」と呼ばれているが、それが国土政策の基本を担っていて、先進国に相応しい安定感ある社会を再構築する鍵を握っている。

新しい公共の活動はまだ緒に就いたばかりであり、経済面に絞ってみても、日本経済の中で占める位置が大きいわけではない。わが国について利用できるデータは限定されるが、新しい公共の一部であるソーシャルビジネスについての経済産業省の推計に拠れば、二〇〇八年四月時点の雇用者数は三・二万人で、市場規模は二四〇〇億円である。イギリスでは、新しい公共のイギリス版である“Big Society”の取組みが期待されているが、ソーシャルビジネスに相当するデータをみると、二〇〇四年時点で雇用者数七七・五万人、市場規模は五・七兆円である。* データの制約で単純な比較はできないが、両国の経済規模を考慮すると、雇用者数や所得で将来、日本経済において数パーセントを占める大きな部門に成長する可能性を持っていることを示唆している。

第3節　企業力を活用した新しい公共

第三の分野として注目される企業力

最近、都市圏で存在感を増しているのが、図2-1の③に示した第三の分野である新しい公共の活動を企業の力を活用して担う事例である。これに含まれるケースとして、

（1）NPO法人などの街・地域づくりの取組みが、自立した事業として実行されているケース、

（2）NPO法人や企業がビジネスで収入を確保し、公共的サービスを提供するための費用を支弁するケース、

（3）企業が公共心を持って顧客や行政、地域住民などと協働して活動し、本来の事業の遂行において同時に公共的なサービスが提供されるケース、

がある。最初のケースでは特産品の開発販売や二地域居住、グリーンツーリズムなどが典型であるが、企業が行政から廃校舎の委託を受け活用する活動や、指定管理者として行政の施設を運用する活動なども該当する。

二つ目のケースには、ＮＰＯ法人が兼業として事業を営んで資金を確保し、新しい公共の活動に投入する例や、企業が行政施設や行政用地を活用して営利事業を営み、得た資金で行政から求められている公共的サービスを提供するコンセッション方式のＰＦＩ(Private Finance Initiative)事業などが該当する。前者は図2-1の行政機能の代替・公共領域の補完のケースと重複するが、より企業的な経営手法を採用していることに特徴がある。指定管理者として事業を実施している新しい公共も、事業者の企業性によって、ここに含まれる場合も、行政機能の代替・公共領域の補完(図2-1の①②)に含まれる場合もある。

三つ目のケースは、特に大都市圏で活発な企業によるエリアマネジメントや、都市開発事業者による郊外の街の整備などでみられる。企業のＣＳＲ活動は、取組みの事例によって、先の(2)と(3)の両方に該当する。

ソーシャルビジネスとしての株式会社、ＮＰＯ法人

ソーシャルビジネスというのは、企業的手法を用いて事業の持続性を確保しながら、地域活性化や街づくり、人口減少・高齢化、環境問題などの社会的課題の解決を図ろうとするものである。前項で述べた(1)(2)が該当するが、(3)においても、企業の本来の目的である利潤追求やＣＳＲ活動の一環としてだけでは説明しきれない公共的な活動が展開されている事例に出会うことがあり、ソーシャルビジネスの理念は共有されている。

ソーシャルビジネスは新しい公共の一つの形態であるが、法人組織としては、株式会社やＮＰＯ法人など多様である。ソーシャルビジネスのうち、コミュニティビジネスは、事業規模が比較的小さいこと、地域課題の解決に関心が高いこと、コミュニティ意識が強く地域からの内発性が強いこと、などの特徴を備えている。

株式会社の目的は営利の追求だが社会貢献の考え方は浸透してきており、環境によくない製品は販売しないとか、収益の一部を森林育成や貧困撲滅にあてるなど、本業以外での社会貢献活動も幅広く実施されている。しかし通常の株式会社では、これらの社会貢献活動が収益獲得や株主への配当責任の動機を上回ることはない。他方ソーシャルビジネスでは、社会的課題の解決が組織の目的とされ、それが収益獲得より上位に置かれている。

ソーシャルビジネスが、ＮＰＯ法人などの非営利組織で運営されることは多い。しかしソーシャルビジネスで扱われるサービスや商品が市場で提供されることを考えると、ＮＰＯ法人という組織形態がどのような場合にも最適だとは言い難い。

特定ＮＰＯ法人は、活動が不特定多数の利益の増進に寄与することに限定されており、特定の者の利益のために事業を行うことは禁じられている。意思決定も理事長や理事会の権限は限定的で、社員（法人のメンバー）に強い権限が認められていて、法人の業務は原則として社員総会で決めること、社員の表決権は平等で社員資格について不当な条件を付けないことなどが法律で定められており、開かれた運営と構成員による自治の徹底が図られている。この他、財源面や組織を解散する時の財産処分などにも厳しい規定がある。

これらはＮＰＯ法人の特徴であり、法人の成り立ちとして株式会社よりもソーシャルビジネスへの距離が近いと言える。しかし会社経営に携わった経験がある人からみると、市場で活動するには、事業に必要なまとまった資金が調達しづらいことや、意思決定の敏速さに欠けることなどが懸念されるようである。この他にも、二〇〇五年に法制化された有限責任事業組合（ＬＬＰ：Limited Liability Partnership）や有限責任会社（ＬＬＣ：Limited Liability Company）などの制度もあり、ＮＰＯ法人に比べると株式会社に近い。しかし実態としては、市場でサービス・商品の販売を通じて目的を達成しようとする限り、株式会社形態が最も馴染むことがあり、それの採用が増えている。これまでもソーシャルビジネスに相応しい法人形態の必要性が議論されることがあったが、市場からの志ある資金調達の容易さと、市場での活動の機敏性を兼ね備えるという観点からの検討が求められる。

ソーシャルビジネスの原則

二〇〇六年に、バングラデシュのムハマド・ユヌス氏にノーベル平和賞が贈られた。同氏は、低所得層への小口無担保融資（マイクロクレディット）で知られるグラミン銀行の創立者であるが、これを契機にソーシャルビジネスが注目を集めた。ユヌス氏らが唱えるソーシャルビジネスの原則は七つある。（ａ）経営目的が社会的課題を解決すること、（ｂ）財務面等の持続性、（ｃ）元本を超える配当をしないこと、（ｄ）元本を超える収益は会社の拡大等に充当、（ｅ）環境に配慮、（ｆ）従業員の労働条件に配慮、そして最後に（g）楽しむ、である。

これらの原則は、もともと貧困に苦しむ人びとの自活を助けるための活動に対して提示された。今ではソーシャルビジネスに普遍的なものとなっているが、ソーシャルビジネスよりも幅が広い新しい公共の第三の分野（図2-1の③）にも適用できる。
（a）と（b）はソーシャルビジネスの定義にあたる。（c）と（d）は表裏を成す項目であり、（a）（b）の実践での金銭的な成果の配分についての具体的な事柄である。もっともこれら二つの項目は、通常の民間企業が関わるようなケースでは、株主が多岐に亘っていることがあり、営利企業として社会に約束するには限界がある。（e）と（f）はソーシャルビジネスの社会性の別表現である。（g）に実践すること自体の楽しみが掲げられていて興味深い。新しい公共の取組みは、民間による他者への共感に基づく公共領域での活動であるが、社会への参加自体を楽しんでいる人びとが多いことに驚かされる。これはビジネスの装いをまとっていても共通している。

企業の力を活用した都市圏の街づくり

ソーシャルビジネスに限らず、企業力を活用した新しい公共の活動は、特に都市圏において特徴的であるが、それが期待される分野として、
（1）高齢者の生活や就労などの高齢社会の暮らし、子育て環境、
（2）都市空間のマネジメント、

（3）起業の促進、
（4）自然環境の保全、緑の創造、水辺の再生、
（5）街の安全・安心、
（6）それらの活動を通じた都市圏の地域コミュニティの再生、
などが注目される。これらのいくつかは地方圏でも関心事であるが、都市圏での活動に特に特徴がみられる領域でもある。以下では、まずこれらについて、企業力を活かした新しい公共の取組みをみていく。

第Ⅱ部　都市圏の街づくりと新しい公共

第３章　高齢化が進む大都市圏での新しい公共

第１節　都市圏の地域コミュニティ

ニュータウンでの孤独

大都市圏では、高齢化の進行は地方圏よりも遅れていたが、前述のように、これから比率でも実数でも急速に進み、それが都市の活力を失わせると懸念されている。

高度成長期に地方から出てきた若者は、産業を支える貴重な労働力として「金の卵」と呼ばれたが、戦後の都市政策では、彼らのような大都市圏に集中する人びとへの住宅の供給が大きな課題だった。そのために一九五五年に設立された日本住宅公団などによって郊外に大急ぎでつくられたのがニュータウンであり、山野を切り開き区画整理などを行って開発された*。当時は２ＤＫの公団賃貸住宅は憧れで、ダイニングキッチン付きの新しい様式が話題を集めた。それら大都市圏の郊外団地の多くで、建物の老朽化と住民の高齢化が一斉に進行している。

都市生活の優れた点の一つは、地方圏に比べ隣人との間に距離が保てることだろう。大都市圏への人口移動は今も続いているが、高度成長期には大都市圏の豊富な就業機会に加えて、集落のことなら

表 3-1　完全失業率の推移（%）

暦年	完全失業率
1970	1.1
1980	2.0
1990	2.1
2000	4.7
2010	5.1

出典）厚生労働省資料.

隣家の戸棚の中まで知っているような農村社会の日常に嫌気がさし、多くの若者は新生活を大都市圏に期待した。七〇年代までは、大都市圏での働き口は贅沢さえ言わなければ沢山あった。失業率は二％以下で、現在の五％程度と比べても格段に低かった。都会に憧れて田舎を出奔するのは、社会のしがらみを断ち切る少しの勇気さえあれば誰にでもできた（表3‐1）。

しかし大都市圏には、地方圏にはない孤独が待ち受けている。サラリーマンには農林従事者と違って転勤があり、地縁社会には溶け込みにくい。郊外のベッドタウンでは隣近所の付き合いは自ずから限定されるが、それは社会の脆弱さの裏返しでもある。小さな子供でもいれば幼稚園や学校を通じた隣人もできるだろうが、それも親密な付き合いを求めると煩わしがられ、時には険悪な雰囲気にもなりかねない。隣人とは絶えず程よい距離感を保つことが求められる。しかし大都市圏でも、人を孤独に追い詰めない基盤は整っていなければならない。

郊外のスプロール化

住宅公団によって開発された団地はそれなりのまとまりを持っていたが、多くの宅地開発では、林が伐採されたり農地が整地されたりして、数戸の狭隘な住宅がポツンポツンと建てられた。それを合図にするかのように、緑の景観がいつの間にか消滅し、木々に囲まれた丘では瞬く間に住宅地が斜面を駆け上がっていった。新しく開発された団地では、多くは地域全体の統一された景観や街並みとしての美しさに欠け、居住施設として不便な物件も多かった。

このような大都市圏の郊外団地も、数十年が経過し街としての味わいが出てきたが、そこで一斉に高齢化が進んでおり、住宅や商店が空いたままに放置されてやがて空き地になっていく。更地にして駐車場として活用されればよい方で、放置したままにされると蚊や蠅、ムカデなどが発生して周辺の家に入り込み、街の佗しさをかき立てる。高度成長期に築いた街が、現在では十分には機能しない状況が多発しており、やがて豊かさを実感できる社会とは程遠いものになるのではなかろうか。

過去の都市行政は住宅に限らず、道路でも公共交通でも人口の増加圧力への対応だったが、現在では縮小する社会への対処が迫られている。これらの地域で、数十年後には自然に緑がよみがえり新しい姿が見えてくると期待することはできない。青写真を描き、それに従って地域をつくることが必要である。どのようなことでも同じだろうが、大きな変化が見込まれる時に、未来図がなく成り行き任せでその場限りの対応をしていると、やがて行き詰まってしまう。

新興住宅地の故郷化

歳をとってから居住環境を変えると、人は自分の生活スタイルを失って元気をなくすといわれる。かつての田舎や都市の下町には代々住み継がれ成熟した住環境があり、高齢者も互いに触れあいながら暮らした。大都市圏でも、高齢者には住み慣れた地域で共に生きることのできる社会が必要だろう。

街のコンパクト化が言われるが、役所の計画では通常はハードの整備を指していて、日常生活を支援する郵便局や学校、金融機関、町医者、集会所などがある程度集約して立地する街を目指す意味に使われる。しかし社会の仕組みとしての人の繋がりが重要であり、それを作るにも有形無形の努力が伴う。

郊外のニュータウンが、昔の村や町のように成熟化しない原因の一つは、マンション形態の住宅にもあるのではないか。マンションには管理組合もあり共同社会のように見えるが、実態は最も共同社会になりにくい施設である。居住者も、人生の各ステージで住み替えを行い、そこに一族が住み続けるとは期待しておらず、かつての集落のように分家として独立することもない。おそらく五〇年か一〇〇年経っても、現在の延長線上には、かつての下町や田舎の集落のような社会の姿は見えてはこないのではないか。これまでのマンションの多くは、共同住宅でなく集合住宅にとどまっている。

しかしこれから築かれる都市のコミュニティは、かつての地縁的な農村コミュニティと同じである必要はない。それは常に全人格的な関わりを求められるのでなく、地域での支え合いや共通の趣味、共同で起こす小さな事業等々の複数のコミュニティを通じて意識を共有する個人が緩やかに結び付き、個々人が社会との繋がりを実感できる多様なコミュニティである。

コミュニティ政策は行政が得意とする領域とは言えず、新しい公共の担い手が果たす役割は大きい。企業の新しい公共としての活動も、このような都市圏のコミュニティの醸成に大きな力を発揮しつつある。

高齢者が愛しまれる街づくり

人生には子供の時期、大人の時期、高齢期があるが、寿命が伸びて第四期ができた。平均寿命は半世紀前の一九六〇年頃には男性も女性も六五〜七〇歳程度だったが、今やそれが一五歳程度も伸びている。呼び方が批判を浴びたが、七五歳以上の後期高齢期をいかに豊かに生きるかの課題が出てきた。多くの高齢者がすることがなく、日がな一日公園のベンチに座っている姿を若者が見ると、それが高齢者にとっては至福の時間であっても、自分の将来の姿と重ね合わせてしまわないとも限らない。人の身体能力は二〇歳代がピークで下降するようだが、日常問題の解決能力など経験的な知恵は七〇歳を過ぎても伸びると言われる。七〇歳代の男性の元気の素は社会活動であり、女性については精神的な自立だと言われるが、郊外の団地において、これらを満たす故郷のような居住地をどのようにつくるかは、これから考えなければならない課題である。

街づくりについて、かつては公空間は行政が担い、共同空間は町内会、私空間は個人ということだったが、これらの垣根を越えて維持・管理されるようになってきた。行政の所有地を公園里親制度などでＮＰＯが担い、個人の土地が空き地になると町内会で世話することも行われるようになっている。これらの地域でコミュニティカフェのような場が住民の協働で運営されると、そこを拠点にさまざまなグループの活動が始まる。対象は、地域の医療・介護、子育て、マンション建替など多様だが、そこに若い世代が加わると世代間の関係も生まれる。

高齢社会の街づくりは、高齢者が地域で愛しまれ長生きが幸せに感じられるものでなければならない。その第一は、医療と介護の連携したシステムづくり、第二は生き甲斐と就労、第三は生活を支えるインフラ整備である。大都市圏郊外で元気な高齢者が協働で高齢者を支援するソーシャルビジネスの取組みなども動き始めている。人口の三分の一が高齢者となるのは二〇三〇年代であり、残された時間は多くはない。

世界の先導役としての日本の都市圏

人口がわが国よりも遥かに少なく、暮らしが豊かだと感じられる国は地球上には少なくない。しかし人口が減少過程にあって高齢化も同時に進行している国が活力に満ちているとすれば、それは歴史上でも珍しいことだろう。労働世代による引退世代の扶養負担は年金でも介護でも重くなるし、需要構造の変化による生産力とのミスマッチなど、国が活力を失うさまざまな困難を上げることは簡単である。

日本が高齢社会の諸問題をどう解決するかは、世界の注目の的であり、一つ一つの事柄について、新しい公共や企業、行政、中間支援組織などが協働して取り組み、実績を積み重ねていく必要がある。社会システムは簡単には真似はできないが、高齢社会にいち早く対応し、次世代のために新しい社会システムを構築すると、それは世界への貢献になる。中国も二〇一〇年代には生産年齢人口の減少傾向が定着化し、韓国もやがて人口減少期に入るが、これらのアジア諸国で増加する高齢者の数は億単位である。日本の取組みが世界の資産になり、ノウハウが必要とされる時期がやってくるのではなかろうか。

　人口の都市圏への集中は先進国と途上国を問わず世界共通であり、これからも続くであろう。わが国の特徴は、高度成長期と安定成長期を通じて、都市にスラムをつくることなく、大都市圏への人口集中をうまく国の発展に結び付けたことにある。しかし、今や全く異なった新しい社会の仕組みが求められている。

　大都市圏では、行政では対応できない高齢社会のニーズが急速かつ大量に発生する。新しい公共の役割は、都市圏と地方圏を問わず共通することは多いが、特に大都市圏でのニーズが高く期待される領域はみられる。大都市の郊外は高度成長を担ってきた人材の宝庫であり、人的資源に恵まれた地域でもある。都市圏の高齢者の支援や生活の質を向上させるために、新しい公共の活動が期待される。

第2節　公民学が連携した高齢社会のモデル――柏の葉プロジェクト

公民学の連携

千葉県柏市の北部に位置する柏の葉エリアは、東京都心から二五キロ圏にあり、二〇〇五年に開業したつくばエクスプレス・柏の葉キャンパス駅まで東京都心から約三〇分で、常磐自動車道・柏インターチェンジにも近く交通条件に恵まれている。ここでは開発事業者と大学、行政、市民が連携し、高齢者にも住みよい新しいコミュニティづくりが進められている。*

既に三井不動産を中心にマンション分譲や賃貸住宅、大規模商業施設、ホテル、オフィスなどの事業が実施されていて、二〇一三年の全体竣工を見込んでいる。分譲マンションには屋上緑化や太陽光発電が整えられている他、市民や大学などとの共同で公共交通と自転車の街づくりが進められていて、レンタサイクルやカーシェアリングが導入され、オンデマンドバスの実証実験が行われている。

高齢社会に向けた取組みでは、東京大学と協働で高齢者の就労の機会創出やコミュニティ醸成が進められ、街が一つの病院としても機能するエイジング・イン・プレイス(Aging in place)の考え方で街づくりが行われている。高齢で死亡する者の相当な割合は病院で亡くなっているが、亡くなる時は自宅でという心情は別にしても、病院や高齢者施設の収容力は十分でない。在宅医療や訪問介護、買物、配食など日常生活の支援サービスが重要になっているし、自分の足で適度に動きながら日常生活を健康的に営める街は医療費節減にもつながる。高齢者の医療・福祉を重視した住民相互の連携による街づくりは不可欠である。

ここでは、事業が始まろうとしている高齢者によるソーシャルビジネスの支援、ユニークな中間支援組織、地域のコミュニティ育成に向けた交流促進の取組みをみることにする。

高齢者のソーシャルビジネス起業支援

柏市でも高齢化は急速に進行しているが、自らの経験や知識、人的ネットワークなどを地域づくりに活用したいと考える高齢者は多い。元気な高齢者が体力の低下した高齢者を支援するソーシャルビジネスの取組み、金融ＯＢによる高齢者の資産運用相談、建築・不動産経験者によるバリアフリーなどのリフォーム相談やニーズに合った住まいへの移転相談、飲食・食品関係者の食生活・健康づくり相談、アートに通じた者が地域セミナーで技術や知識を伝える、等々である。

しかしソーシャルビジネスでも事業化しようとすると、電話・パソコンを備えた事務所や事務担当者の雇用などが必要であるが、事業規模が小さいことや高齢で事業リスクを抱えられないこと、資金調達が困難なことなどの障害がある。また地域の切実な欲求である病院や福祉施設への足の確保、日用品の買物、配食などは、現役時代の企業での仕事とは異質である。

このような障壁を乗り越えるため、サービス提供者と利用者の双方に便利な高齢者のためのシステムが構想されている。いわば「高齢者の、高齢者による、高齢者のための」公共的サービス市場の形成である。多くの高齢者には現役時代の蓄えや年金があり基本的な生活資金は確保されているため、人件費の抑制で低廉なサービス価格が実現できる。また隔日勤務や短時間勤務など多様な就労形態を採用でき、高齢の就労者には受け入れられやすい。こうして高齢者を中心に、地域内で資金や経験などの小さな循環が生まれていくことが期待されているが、それらは住民の満足に深く関わっているように思う。

構想の核は、元気な高齢者のための協働支援プラットフォームを民間で整備することにある。そのためＮＰＯ組織が事務設備や職員を用意して共同利用とし、資金は企業の協賛金や行政の拠出で賄うことが想定されている。行政から公共緑地の維持管理や高齢者支援などの業務委託が行われれば経営の安定に資するが、行政の経費節減分が一部でも継続的にプラットフォームの運営に充当される仕組みができれば、経営は一層安定するだろう。このような仕組みの構築に向けて、二〇一一年度から試行を開始して課題を洗い出し、一二年度からの発展的展開につなげるべく取組みが加速されている。民間からの支援については、協賛企業に呼びかけ日用品や食品の割安価格での提供や起業ノウハウの提供などが検討されている。協賛企業にとっては、CSRを通じた企業ブランド向上のメリットがあるが、大きな市場になりうる高齢者のニーズを、流通産業を介さずに把握する機会にもなる。

中間支援機能の地区センター

地域には街づくりを進める拠点として、「柏の葉アーバンデザインセンター」(UDCK : Urban Design Center Kashiwa-no-ha)が設立されていて、街づくりの立案・推進・研究、取組みの実証実験など、事業を後押ししている。このセンターは中間支援機能を担っているが、公民学の協働で支えられている。公は柏市、商工会議所、田中地域ふるさと協議会であり、民は三井不動産、首都圏新都市鉄道、学は東京大学と千葉大学で、千葉県や多くの企業、NPOなどが協力団体に名を連ねている。

センターが展開しているコミュニティ醸成の活動に、子供は街で育てる「五感の学校アートプロジェクト」の取組みがある。その中のピノキオプロジェクトは、就業を子供達に体感させる教育プログラムで、地元企業や教員、住民などが協力し二〇〇七年から実施されている。このプログラムでは、駅前の特設会場(マルシェ)で、子供達に花屋やパン屋、カフェ、銀行、看護師などの職業体験の機会が提供されている。勤労の対価としてマルシェで通用する仮想通貨が支給され、職業体験の実感度は高い。隣接の大型商業施設(ららぽーと)の店舗でも職業体験ができるのは、企業力を生かした強みである。

この取組みは、他の活動とともに地域の人びとの連携やコミュニティの醸成に大きな役割を果たしている。ピノキオプロジェクトの企画運営を受け持つピノキオクラブは住民の集まりである。これは「まちのクラブ活動」の一環と位置づけられているが、そこには、二〇一一年現在、柏の葉エコクラブ、柏の葉自転車クラブ、もっとカメラクラブ、柏の葉はちみつクラブなど、約二〇のクラブが設立されており、参加者は一〇〇〇名を超えている。一緒に学ぶもの、一緒に趣味を楽しむもの、一緒に子育てをしたり、街の清掃を行うものなど領域は多様であるが、コミュニティの醸成が円滑に進んでいることを窺わせる。

センターが千葉大学や県と協働で取り組んでいる「かし*はなプロジェクト」は、駅前西口のロータリーを花や緑で彩ろうとするもので、市民による駅前の景観づくりと植栽管理が、駅近隣の企業・店舗や近隣市の花屋、高齢者施設などと連携して実施されている。レイズドベッド工房は、車椅子の人も園芸を楽しめるように花壇の高さが設計され、社会的意識の高さが感じられるし、これもまたコミュニティ醸成に大いに寄与している。

研究面では、センターで環境都市政策の研究や複数の大学院の演習プログラムが行われ、研究者や行政、企業の実務家、院生が参加しているが、ここでの研究が博士論文になり、地域の都市デザインや取組みに展開されている例も多い。また環境都市づくりを進める柏市などによって、自転車分担率一〇%増を目標に取組みが行われているが、この社会実験にもセンターが協力している。

これらの取組みは、コミュニティの醸成に資すると同時に、多くの市民が街づくりなどに積極的に関わることを通じて、自己実現する場を提供している。

プロジェクトが示唆すること

柏の葉キャンパスタウンでの取組みは、日本屈指の開発事業者や、東京大学・千葉大学という貴重な資源に恵まれており、どこでも実行可能ということではないかもしれない。しかしそれらの取組みに触発されて地域の住民活動が活性化してきており、参考にできることは多い。

大都市郊外では、街自体を高齢社会に対応させていくことが求められている。開発事業者の視点からみると、マンション分譲やホテル事業と一体となった新しい公共としての取組みには、地区の価値を高めることによる収益力の強化や、CSR活動を通じた企業イメージの向上など、長期的には費用を上回る効果も期待される。しかし、その動機だけでこれだけの取組みが展開できるものではないだろう。事業の背後には、経営者の将来を洞察する視線と公共の問題意識が感じられる。

構想中のプラットフォームやセンターの運営は、現在は一部企業の負担や行政補助に依存しているが、取組みを持続させるためには、受益者負担のあり方や寄附税制などの検討を含めて、資金と運営の仕組みの一層の工夫が求められる。資金調達のエピソードであるが、行政の補助が出るまでのつなぎ資金が必要になった時、急なことで金融機関から調達できず、事業に賛同する住民から無担保融資を受けたという話を聞いた。事業の意義を理解し、篤志でリスクを引き受ける人びとは確実に存在する。

この取組みで目指していることは、高齢者問題や環境など日本が抱える社会問題への対応であるが、大手都市開発事業者の企業力を背景にして、例えば高齢者の就業支援という公共性の高い目的を実現するための仕組みを構築しようとしている。住民や企業、大学の力を活かして協働で行政を補完しており、図2-1の③の住民によるソーシャルビジネスと企業力を基本として、②の公共領域の補完機能を果たしている好例であるが、企業力をいかんなく発揮していることから、新しい公共の分類の横軸上の左寄りに位置すると考えられる。

第3節　民間と行政の重層的連携——三鷹市の公民ネットワーク

コミュニティ政策の先駆け

戦後から続いた大都市圏への人口流入は現在も続いているが、大都市圏では新しい住民と古くからの住民との摩擦や隣近所との付き合いの薄さなどによって、コミュニティの形骸化が進行している。

これらの問題は大都市圏の地方自治体に共通しているが、市民の生活様式に関わることであり行政として政策を講じることが難しい領域である。しかし東京都三鷹市は、行政と民間の協働で早くから明確な意思を持ってコミュニティの再構築を進めてきた*。

三鷹市は、東京都区部と多摩地域の中間に位置している。人口は約一八万人で、武蔵野の緑を湛えた住環境に恵まれていて、多くの文士が居を構えた地域として知られるが、一九七三年に全国で初めて公共下水道普及率一〇〇%を達成した市でもある。

高度成長期からの人口急増で、三鷹市でもコミュニティ弱体化の恐れが生じたため、いち早くコミュニティ重視の市政が展開された。実際、一九七〇年代には、住民が自主的に管理・運営するコミュニティセンターがドイツに範をとって全国で初めて開館している。これは市域を七つの住区に分け、住民協議会という自治組織を作って住民の自主的な街づくりの拠点にするものである。その後も協議会による街づくり、行政情報の公開、都市計画への市民参画などが全国に先駆けて次々と展開されてきた。

これらの先駆的な取組みが行われた背景には、市民意識の高さとともに、市長のリーダーシップに負うところが大きいが、その他に下水道などの都市施設が早期に整備されたことも関係する。充実した都市施設は快適な生活環境を実現するが、同時に維持管理コストがのしかかる。そのため行政の効率化が必要とされ、今では当然であるが電話交換の外部委託など早くから行政事務の民間委託が進められた。保育園の公設民営も全国に先駆けて実施されている。現在では「行政の事業への市民参加から公民協働による街づくりへ」が定着してきているが、そのような進取の気風が公民協働の基盤になっている。

ここでは三鷹市の公民協働の取組みのうち、高齢者による街づくりに大きな力を発揮してきた「ＮＰＯ法人シニアＳＯＨＯ普及サロン・三鷹」の取組みと、産業政策を市と市民が協働で担う「株式会社まちづくり三鷹」の取組みを取り上げる。

ＳＯＨＯ支援による産業活性化

三鷹市は住環境に優れている他方で、産業構造の変化に苦しんできた。戦前、加藤隼《はやぶさ》戦闘隊の活躍で知られる「隼」を製造した中島飛行機の製作所があり、戦後もハイテクや先端中小企業の集積があった。それと同時に住宅地としても注目され、高度成長期からは工場の市外移転が続出した。市域の約九割で住居系の用途指定が行われ、大規模な工場誘致は用地確保と住環境との兼ね合いで難しくなった。

三鷹市がとった戦略は、工場誘致による就業機会の確保ではなく、空き店舗やマンション、オフィスビルの部屋を活用した起業であった。三鷹市でも中心市街地が疲弊し空き店舗に悩む時期があったが、「ＳＯＨＯ ＣＩＴＹみたか」構想に基づく政策が開始され、その政策を担うべく、一九九九年に「株式会社まちづくり三鷹」（まち鷹）が設立された。

まち鷹の事業は多岐に亘るが、核となる事業は起業者へのＳＯＨＯ（Small Office, Home Office）施設の提供である。施設は数カ所あり、その一つの「三鷹産業プラザ」は、まち鷹が市有地を使って整備した施設である。入居者の家賃負担を抑えるため小振りに区分された空間が提供され、受付サービスやサロン・会議室の無償提供、税務・法律・会計の相談支援等々、一人でも起業できる環境が整えられている。

まち鷹は、株式会社として黒字経営が求められるが、創設以来、黒字であり、利益の一部は市に納付され、残りは地域への再投資に充当されている。例えば高齢者のための買物の配達は人手がかかり収益的には見合わないが、地域社会への使命感から黒字の一部を充当して事業を実施している。

まち鷹は九八％が市の出資であるが、株式会社とすることで行政からの拘束が少ない機動的な経営が確保されている。現在の安定的な経営は、市からの業務委託と出資による有利子負債の回避が大きく、市との緊密な関係で支えられているが、その関係が一風変わった条例に表れている。施行は二〇〇一年で、まず名称が「三鷹市と株式会社まちづくり三鷹との協働に関する条例」と直截で、市とまち鷹の協力連携や市長の支援などが規定されており、他に例をみない条例である。

シニア世代の地域への回帰

まち鷹のSOHO支援は、既に一二〇社に及ぶ起業を実現しており、その他にも街づくりの担い手のNPO法人などに空間を提供している。「NPO法人シニアSOHO普及サロン・三鷹」(シニアSOHO)はその一つである。

シニアSOHOの取組みはつとに知られているが、特徴はベンチャーを目指す高齢者に起業の機会を提供することにある。会員の多くは、民間企業や大学、行政などの各分野で活躍した人達で、それぞれに専門知識や経験を有しているが、シニアＳＯＨＯの原点は、個々人の知識と経験を、地域の小さなコミュニティビジネスに転換するためのプラットフォームの役割にある。

マスコミでパソコン講習事業の成功がしばしば報道されて、高齢者による高齢者のための起業という印象が強かったが、現在の活動は幅を広げている。その例として、スクールエンジェルス（学校安全推進員、ＳＡ）事業がある。これは児童の防犯のために教育委員会との連携で実施されており、一五の市立小学校の見守りサービスを市教委から受託して行っている。そのためのスタッフは一四〇名を数え、地域に時間を限定した新しい雇用を創出している。警備会社の制服姿のガードマンが辻々に立つのと違い、地域を熟知した地元の人が事前研修を受けて巡回しており、保護者や学校に安心感を与え、また子供達が挨拶するようになるなどコミュニティ醸成の増幅効果も生まれている。

シニアＳＯＨＯは、定年退職を迎える団塊の世代の地域の受け皿としての意味を持ってきた。今も、「働ける間は働いてもらう」という高齢社会のモデルとして、二〇一〇年度の売上高は初めて一億円を超えた。

シニアＳＯＨＯはＮＰＯ法人であるが、寄附には依存せず事業性を重視している。しかしニッチ（すき間）の分野を追求しているため個々の事業の収益性は高くなく、黒字でも税の負担感は重い。着実に成長しているシニアＳＯＨＯであるが、運営にあたっての悩みは尽きない。

取組みが示唆すること

ここに紹介した取組み以外にも、三鷹市の新しい公共の取組みは多い。「NPO法人三鷹ネットワーク大学推進機構」、「NPO法人みたか都市観光協会」、「NPO法人花と緑のまち三鷹創造協会」などの取組みは、行政と密に連携して事業が展開されている。また行政自体が取り組んでいる「ベンチのあるみちづくり」や、住民の多様な意見を吸い上げる「まちづくりディスカッション」等々のハード・ソフトの取組みは、三鷹市の街づくりの特徴を成している。

まち鷹とシニアSOHOは、いずれも一部に行政からの支援を受けつつも、企業的手法を用いて採算性を確保しながら、地域産業の活性化や高齢者の生き甲斐づくり、高齢者が必要とするサービスの提供など公共性の高い機能を発揮している。本書の分類では図2-1の①と②の事業を③のソーシャルビジネスの手法で実施していると考えることができる。

ここで取り上げた柏の葉キャンパスと三鷹市の二つの事例は、新規開発と既存開発の違いはあるが、大都市圏の郊外を舞台にした高齢社会のモデルを提示している。程度の差はあるが、いずれも地域に回帰した経験豊かな高齢者が、住民を巻き込みながら地域問題の解決とコミュニティの強化を進めている。高齢者はサービスの需要者であると同時に供給者であり、高齢者の社会参加が地域を活力あるものへと導いている。人口減少と高齢化が進行する中にあって、従来型企業とは異なる高齢者の就業・起業が街づくりに大いに有効であること、社会の安定に極めて重要であることなど多くの示唆を与えてくれる。

第4章　都市圏の環境保全と緑化、地域コミュニティの醸成

第1節　ニュータウンの環境とコミュニティ再生——フュージョン長池

求められる緑の保全・育成

大都市圏では、多くの人が高密度に集まって居住し働いており、そこにかつて存在した大自然を認めることは難しい。しかし人びとは絶えず自然を希求し、都市にわずかでも自然が残っていると、それを保全したいという思いは強い。

都市の緑地については、行政による公園整備と維持管理が行われてきており、それらに公共事業費がいかに配分されるかが関心となりがちである。しかし都市公園などの基盤が整備された次の段階として、市民による既存の住宅地の緑化、地域に残る自然林や歴史ある二次林を生かした街づくり、都市圏に残る里山や水路の保全など、地域の歴史・文化を体現した環境保全が積極的に考えられるようになってきた。それらは、自然体験や環境学習等々の教育・レクリエーションとも結び付き、一部はビジネスになってきつつある。大都市圏内での緑地保全の取組みは、更に進んで河川の上流域の農山村との交流やグリーンツーリズム、二地域居住などへの関心を引き起こし、それらが都市住民のライ

フスタイルにもなっている。

団地内の公園の地域による管理

「フュージョン長池」は、東京西部の多摩ニュータウンで活動するNPO法人である。多摩地域は、世界的なアニメ映画を生み続けるスタジオジブリの一九九四年の作品『平成狸合戦ぽんぽこ』の舞台であるが、これらの地域資源や地域に残る里山などを活かした多面的な取組みで知られている。* 活動はNPO法制定以前の一九九〇年代半ばに遡る。当初は現在のNPO法人の経営者が、団地の居住者の繋がりを高めようと、ジブリ映画にちなんだ祭りや里山を保全するクラブの立ち上げ、活動情報を伝える『ぽんぽこかわら版』の発行などを進めていた。

転機は二〇〇一年に訪れる。団地の造成は土地区画整理事業として実施されたが、敷地内の長池や築池《つくいけ》などの大小の池や里山環境はほぼ元のまま残され、長池公園として八王子市が管理していた。二〇〇一年に公園内に自然館と呼ばれる体験学習施設が新設され、管理が外部委託されることになったが、当時はまだ指定管理者制度が作られる前で、市民が広く利用するいわゆる公の施設を行政以外の者が管理することは難しかった。そのため市の条例に業務委託先のフュージョン長池の名称を入れて議決するという異例の方法がとられた。

しかしフュージョン長池も、その時点では十分な人材と管理のノウハウを持っていたわけではない。そこで都市再生機構に人材の仲介を求め、里山や生態系の保全に卓越した知識と経験を有する人材の確保に成功した。彼は現在の自然館の副館長であるが、人材確保によって自然館の管理業務は順調に推移し、近隣の大学との共同で公園の自然に関する研究も蓄積されてきた。

自然館の管理開始から五年後に、既に導入されていた指定管理者制度の活用を前提に長池公園全体の管理業務が外部化され、事業者が公募されることになった。公募の結果、フュージョン長池を代表とし造園業者と里山管理コンサルタントから成るチームが選定された。

しかし市の予算措置だけでは十分な水準の管理ができなかった。そこでＮＰＯ法人の特性を活かして地域住民の手を借りることにしたが、ボランティアの参加希望は多く、二〇〇六年度に延べ約三二〇〇人であったのが一〇年度には約五一〇〇人へと増加した。地域の人びとが管理する公園としての認知も深まり、〇六年度に一二万三〇〇〇人だった来園者数は一〇年度には一九万人近くに達し、体験学習に参加する者や市内外の小中学校による総合学習利用も堅調に増加した。

このような実績を背景に、〇九年の指定管理者の公募は事実上フュージョン長池チームの信任審査となり、一三年度まで五年間の管理業務を継続している。

公園管理からコミュニティとの融合へ

フュージョン長池の管理業務は、そのまま地域コミュニティの形成につながっている。催しは地域住民からの提案が多く、会議室は何かをやってみたい、何かを人に伝えたいと考える住民に無料で貸与される。自然館側では、持ち込まれる提案が、地域コミュニティの醸成に意味があるかどうかなどの基準に照らして会議室利用を認めるが、その代わりに、催しに参加したい人に広く門戸を開放することが条件になっている。会議室の一つで講談の語り教室が開かれているのに出会ったが、門戸開放の証しとして扉が開けられていた。会議室では、自然の体験学習や文化に関する催しが活発に行われているが、いずれも公園施設の管理運営を通じて地域コミュニティを醸成する意思が感じられる。

ＮＰＯ法人と講座主催者である地域住民の関係は、インターネットのプロバイダーとアプリケーションに似ている。ＮＰＯ法人がプロバイダーであり、アプリケーション部分である講座を開設するのは住民である。したがってＮＰＯ法人には講座開設に伴う固定的な費用は生じない。各種の講座提供は個々に自立していて、自然館の多様な活動はＮＰＯ法人が提供する場を活用して住民によって営まれている。また参加している多くのボランティアも公園という舞台を媒介にして繋がっており、公園全体が地域住民の緩やかな連携の場になっている。

フュージョン長池にみる行政との関係

行政が施設管理を外部化する目的は、「よりよい公共サービスを、より低い住民負担で提供する」ことにあり、行政は、財政支出の削減と利用者サービスの向上の両方が同時に達成されることを期待する。

一方、フュージョン長池にとっての事業のやり甲斐は、同じ委託管理費を使ってどれだけ付加価値を増大させたかにあり、それは利用者の満足の向上やそれに寄与したボランティア活動の活性化などである。しかし現在の制度では、努力の成果が法人の収入には直結しない。行政としては、出来高払いは予算の目途がつかず実行しにくいだろうが、成果にしたがって支払うことも組み合わされてよいのではないか。

また指定管理者制度について一般的に言えることであるが、五年程度の指定管理期間は、民間事業者が積極的に投資して事業に取り組むには短すぎるという課題がある。二期目については、一期目の中間評価に基づいて事業を継続させることも考えてよい。

この取組みは、フュージョン長池というＮＰＯ法人によるソーシャルビジネスの一環と理解されるが、業務内容は公園管理という本来は行政が担う業務を中心に構成されている。その部分は図２-１の①の行政の代替に属するが、合わせて②の公共領域の補完機能やコミュニティ強化に向けたさまざまな取組みが展開されている。

第２節　学校緑化を通じたコミュニティの醸成
――福岡市学校まるごと緑花大作戦

コミュニティ拠点としての学校

学校は地域の交流拠点であり、誰にとっても特別の思いがある場所である。運動会や学芸会は地域恒例の年中行事であり、ＰＴＡは地域の中心的な活動主体である。しかし、児童の減少や治安の悪化のため、教室や校庭の開放が制限され、学校の地域の拠点機能は次第に低下してきている。

九州最大の都市・福岡市では、小学校を舞台にして、花と児童をキーワードに地域コミュニティの回復を目指す取組みが進められている。福岡市で二〇〇八年に「元気UPふくおか 学校まるごと緑花大作戦」と題して開始された活動は、街なかの花壇の整備・運営を進めるNPO法人を中心に、小学校と市民、地元企業、福岡市などが協働して事業を展開している。初年度の活動は、三つの小学校をモデルに、道路に面したスペースや学校へのアプローチ花壇などに、児童が花を植えて世話をすることから始められた。*

活動によって、笹が茂るまま放置されていた柵の外側のスペースが花で埋められ、周辺道路や街なかの花壇のゴミに気づいた時には、児童が自らそれを拾って処分するようになるなど、街の景観を改善する意識が醸成された。福岡県景観大会(二〇一一年三月)では、これらの取組みについて児童が発表し好評を得るという教育効果も生んでいる。

作業には父兄もサポート役として参加している。歩道に面した学校の柵沿いの花壇は児童で対応できるが、車道沿いの花壇は危険で、父兄が協力したり、直接NPOが取り組んだりしている。こうした活動によって親の間に共通の話題ができ、住民相互の交流が乏しかった新興住宅地では地域の一体感が増す効果が出てきた。また小学校によっては、老人会が資金を提供して参加し、引き籠もり気味だった高齢者が児童と一緒になって花の世話をするなど世代間交流のきっかけになる効果も生まれた。

小学校を教育の場としてだけでなく、街づくりの場や日常的な住民交流の拠点と位置づけ直す試みは、小学校が持っていたコミュニティ機能の回復活動と言える。活動二年目には参加する小学校が二校増加し、二〇一二年度現在では合計一一校に拡大している。

この取組みには準備期間がある。現在のＮＰＯ法人は、もともと二〇〇〇年に、荒れた街路花壇を市民の手で管理し市民花壇にする取組みを始めた。取組みには直ちに反応が現れ、地区の住民や老人会なども参加し、夏には孫と一緒に街路の花壇に水やりをする活動も始まって多世代コミュニティ回復の萌芽になった。この活動は「フラワーアップふくおか」と命名され、現在の「元気ＵＰ」の名称の元になっている。

街の新しいコモンズ

学校まるごと緑花大作戦は、「街の新しいコモンズをつくる」と説明されている。コモンズとは一般には地域の共有資源のことであり、各地の街づくりで聞かれるようになったが、ここでは「人はサービスを受けるだけでなく提供する側にも立って、人手のかかった花で飾られた良い環境を享受し合う場所」と説明されている。

この活動は小学校とその周辺以外の市域でも展開されていて、市中心部の天神地区では、手入れの行き届かない公園花壇を児童と市民が、市や企業などと協働で世話するようになった。市内の主な花壇は市の予算で業者によって整備されるが、単年度の予算を使い終わると花壇が荒れるようなことが起こる。しかし市民が管理に参加するようになって市予算が継続してつくようになり、花苗などは市が提供し、ＮＰＯ法人を中心に市民と児童の手で花壇が常に良い状態で維持されるようになっている。

この他にも、緑花大作戦では、天神地区と博多駅地区との回遊性を増すため、両地区を結ぶ街路を花で整備する活動にも取り組んでいる。博多駅地区は、九州新幹線の全通を契機に整備が進み、一大商業拠点になって天神地区と競合するようになった。両地区の距離は約二キロで、中間にキャナルシティなどの大規模商業施設があるが、両地区の人の回遊性が高いとは言えない。この活動は、両地区を結ぶ街路を花で飾って回遊性を高めることを目標に行われていて、市民とともに児童や周辺の企業も参加している。

活動の課題

他方で、活動の核となっている「元気UPサポーター」が二〇名弱にとどまっていることなど、持続性に向けた課題も見え始めている。なかでも資金確保は最大の課題である。児童による学校花壇の水やりは、学校の水を利用して児童の手で行われるが、街路花壇の維持では人手と同時に水の費用も大きな負担である。当初は国の調査事業として補助金を得ていたが、現在はNPO法人の事業収入と市の花苗などの援助、ボランティアによる支援で支えられている。

NPO法人はボランティアと異なり、活動を継続するために労働への対価が必要であり、市民の手といっても有償で、街路花壇を管理する仕組みが整えられることを目標にしている。そのため各校区に花で溢れたコミュニティカフェを展開して交流空間にする事業が計画されていて、持続性への模索が続けられている。

小学校を地域コミュニティの拠点に位置づける活動は、児童と父兄、更に地域住民全体の一体感を高める公共性を備えた効果がある。街路花壇の質を高めたいという初期の動機、学校緑化という作業の性格、行政との協働のあり様からは、基本的には、ＮＰＯ法人による図２-１②の公共領域の補完機能に位置づけられるが、カフェの運営などによる経営の自立を目指しており、企業的手法を活用して収益を確保しながら、公共目的を実現しようとする③の特性を持っていると考えられる。

第３節　緑化における行政の役割

都市圏では、緑化の推進や残っている緑地を保全する取組みが盛んになりつつある。ここで取り上げたフュージョン長池や福岡市と類似の取組みは、全国各地でＮＰＯ法人、企業、市民団体・ボランティアなどが参加して実行されており、都市圏における地域の緑化や地域コミュニティの醸成に大きな役割を担っている。

このような市民の活動には行政との協働が不可欠であるが、行政による都市の緑化にも多くの課題が立ちはだかっている。既存都市内の緑化については、建物などの各敷地ごとに緑被率を条例で定める方法がある。これによって都心域でビルが新築される時に敷地の一部が緑地として一般に開放されることもあるが、多くは壁面や屋上緑化で対応される。都市で高所から中心部を見下ろすと、ビルの屋上がエアコン屋外機や給水塔の設置場所、物置などに使われていて雑然としている。屋上緑化は敷地緑化の代替措置としての意味もあるが、高所からの景観を改善することにも役立っている。

しかし緑被率での規制では、大型店舗にみられるように、屋上や壁面の一部を緑化すれば、後は敷地の四隅や広大な駐車場の周辺にわずかばかりの植樹をして対応できることがあり、緑豊かな街並みにつくり直すことにはなりにくい。都市では、中心部でもアスファルトで固められた平面駐車場が虫食いのように点在し街の景色の妨げになっているが、駐車場のあり方と緑化は都市の景観にとって大きな課題である。

まとまった面積の緑地が都市圏内に残されている場合、それの保全には緑被率で規制する以上の難しさがある。土地所有者が行政や大学などの時には比較的保全しやすいが、一般個人が所有している時には、開発規制が個人の収益機会を奪うことになったり、財産権の侵害になったりする。行政が購入して保全することが早道であるが、現在では財政的に難しく、行政にできることといえば固定資産税や相続税を減額する程度で、所有者にとっては補償というには程遠い。

行政が行う事業のスピードの遅さも課題である。大都市圏の緑の喪失は速い速度で日々着実に進んでおり、特定の緑地の保全に行政が問題意識を持って対策を考える段階に来た時には、既に宅地化が決まった後だったりする。

都市の緑化や緑化の啓蒙活動は、全国の都市圏で市民やＮＰＯ法人、学校などが行政と協働してさまざまな方法で実行されている。これらの取組みが、将来に亘って粘り強く実施されることが求められる。

第5章　企業が参加したコミュニティづくり

第1節　世田谷ものづくり学校

地域に根ざす起業

わが国では、廃業する企業数に比べて新規開業が少なく、それを増やすことが産業活性化の課題であった。* そのため、政府も地方自治体も起業への関心は高く、全国の各都市にインキュベーション（孵卵器）施設が整備され、起業相談も各地の商工会議所などの経済団体や民間団体によって運営されてきている。

都市には多様な人材や機能が集積しており、それらの機会を活用して起業を志す人は多い。起業は九〇年代から情報関連産業で盛んになり始めたが、現在では、それらに限らずものづくり分野でも展開されているし、小回りが利きニッチのニーズに機敏に反応する小規模な事業者がパイロット的に製品やサービスの供給を行っている例もある。

これらの起業は、商品のアイデアや技術を持った個人が立ち上げる場合や、既存企業が事業の一部を外部化する場合などさまざまである。起業が力を持ってくれれば、従来の産業のある所に人が集まる流れから、魅力ある都市圏や都市の特定地区に人が集まり産業が生まれる循環が出てくる可能性がある。そのような都市内の地区として、札幌市のＪＲ札幌駅と北海道大学との間の地区、東京都の秋葉原地区、名古屋市の栄・伏見地区などの例がある。その他にも都市中心部に比べて賃料の低い地区や古いビルに多様な人材が集中し、起業が進む実態もみられる。

インキュベーションについては、従来は行政が起業の場の提供や低利融資、技術支援などの援助を行ってきた。しかし近年では、特に大都市圏で、民間企業が新しい公共の立場から行政に替わってその一翼を担うことが増えており、都市自体が産業のインキュベータになりつつある。こうした活動は、起業とともに都市圏における地域コミュニティを醸成しており、起業の場を提供する民間企業が、新しい公共としてコミュニティの核になる例がみられる。本節と次節では、企業が参加したコミュニティづくりの事例として、大都市圏の中心部での起業と、それを核にした地域のコミュニティの醸成を、「世田谷ものづくり学校」と「ちよだプラットフォームスクウェア」の事例でみることにする。

廃校舎の利活用

少子化で児童数が減少し、都市と地方を問わず公立学校の統廃合が続いている。公立小中高の廃校数は、一九九〇年代は毎年二〇〇校前後で推移していたが、二〇〇〇年度から増加し、〇九年度には五三〇校に上っている。都道府県別では、九二年度から一〇年度までの累積で、北海道が七〇六校と最多であるが、二番目は東京都の三七四校であり、統廃合は大都市圏の問題でもある。廃校舎の再活用は、行政としては財産の有効活用や管理コストの削減などで重要であるが、都市圏の立地に恵まれた廃校舎は、街づくりや地域コミュニティの有効な資源になる。

「世田谷ものづくり学校」(Ikejiri Institute of Design)は、二〇〇四年に廃校となった区立池尻中学校を活用し、建築や映像・食・アート・ファッション・家具などのデザイン分野を中心とする多様な都市型産業に取り組んでいる人達に開放しており、黒板などをそのまま残した懐かしい校舎が、創造的な営みの空間に変貌している。一階の喫茶スペースは、入居者や地域の人達に利用されており、家庭科教室を利用したスタジオ・ギャラリー・ミニシアターは、発表や講習、ワークショップ会場などとして活用され、情報発信と交流の場として機能している。誰もが経験した学校の机と椅子が並ぶ教室の空気が、議論を弾ませることもしばしばである。地域の人にも思い出の詰まった場所であり、インキュベータの役割と同時に地域の交流拠点としての機能も果たしている。*

株式会社による新しい公共

インキュベーション施設は行政が関与して運営される例が多いが、ものづくり学校は株式会社が運営している。世田谷区が「株式会社ものづくり学校」に校舎を賃貸し、それが起業者に転貸されるが、民間企業が都内の校舎を丸ごと借り受けるのは初の事例である。

ものづくり学校の経営陣は、建築や家具・インテリアなどの専門家であるが、壊しては作る日本型再開発に疑問を感じ、「Rする」(Rethink, Recreate, Recycle)を合い言葉に、「あるものを丁寧に使う」、

「校舎そのものを有効な資源として使う」という発想に立って、地域に馴染んでいる校舎をコミュニティの醸成に活用しようとしている。

現在の会社が設立されたのは二〇〇六年で、資本金は一〇〇〇万円であり配当は期待されていない。経営方針として、「今ある資源を使ってデザインに関する革新的なアイデアを生み出し新しい価値を創造すること」、「コミュニティをつくり育てること」などがあげられているが、出資はそれへの共感の志である。日本政策投資銀行がこの種の会社に融資した数少ない例であり、既に融資分は完済されていて、株式会社として堅実に経営されている。正社員は一〇名に満たないが、事業を支えるボランティアの層は厚く実働中のボランティアは三〇〇名に及ぶ。

事業活動を通じた重層的なコミュニティ醸成

ものづくり学校の主要テーマは、事業を通じたコミュニティの醸成である。その一つは入居する起業家の交流である。教室を一歩出た廊下は交流空間であり、入居者が相互に刺激し合って成長し、巣立っていくことを目標にしている。既に独立して、世田谷区や渋谷区、目黒区など隣接区で活動している例も多い。入居希望は多く、行政財産であっても賃料を低くすることはしていない。入居者の選定はものづくり学校の趣旨に沿って行われるが、このような選定は公平性に手足を縛られる行政には難しい。

コミュニティ醸成の二つ目は、学校周辺の地域コミュニティの醸成である。校区は地域活動の一つの単位として認識されてきたが、入居者には、地域住民や児童などを対象としたワークショップや講習会の開催が求められる。例えばスノードームは、シンボル性のある建物や人物、動物、植物などのオブジェを包み込む置物であるが、そのワークショップでは、幼児から八〇歳の高齢者までが一つの机を囲んで作成に励んでおり、近所の高齢者と子供の交流が回復された様子が窺える。その他、木工、ペンキ塗り、庭仕事等々、ワークショップの内容は多彩である。

ミニシアターでは、池尻ロマンス座と称して古い日本の名画が上映されているが、周辺の高齢者が無料で招待されていて、若者に自分の経験を語りたい高齢者と、高齢者の話に接する機会の少ない若者の交流の場になっている。夏休みには、数十種類に及ぶ子供向けワークショップが実施されており、専門家の指導を受けて紙パイプで大ドームを作る、ストップモーションアニメを自分で作るなど、入居者の専門性が発揮される企画が並んでいる。子供達が夏休みの宿題をこなしつつ、学校の雰囲気の中でものづくりの楽しさを実感する場にしたい、という学校側の気持ちが滲み出ている。

地域への関心は、更に幅広い分野に及ぶ。世田谷区は質の高い都市農業で知られるが、二〇〇八年には少し離れた二子玉川地区に、JA東京中央と連携し、「ファーマーズマーケット二子玉川」を開設した。これは都市農業の地産地消を目指す販売所であるが、そこではものづくり学校のデザイン力を活かした建物が建てられている。建物の一階は農産物の直売所である。二階にはものづくり学校が経営するカフェがあり、住民にとって身近なテーマの健康や子育て、料理などについて地域住民を対象にしたワークショップが定期的に開催されている。従来の販売所だけの時と比較して年間一億円以上も売り上げが増え、コミュニティ強化と地域活性化の同時実現に寄与している。

地域の核に蘇る廃校舎

廃校舎を活用した地域づくりは全国で展開されているが、ここでの特徴として、一つは、事業内容を「ものづくり」と名付けていることがある。大都市の立地を活かしたデザインなど付加価値の高い領域でのものづくりであるが、都市圏の資源と市場が近接していることを活かした事業が実施されている。特徴の二つ目は、多様な入居者相互の交流による新しい付加価値の創造だけでなく、大都市の都心部で近隣住民との交流によって地域コミュニティを生み出す核になっていることである。都市圏でも廃校舎活用の事例が増して経験が蓄積されれば、校舎が再び地域コミュニティの核になる可能性を持っていることを示している。

この事例が示唆するように、企業力を活用した新しい公共の活動では、経営者に自立する力があるかどうかが大事である。規模は小さくても、事業が自立していると再投資が可能になる。しかし行政が自立の見込みのない所と組むと、関係者による補助金の山分けに終わってしまう。行政にはそれを見抜く力が求められる。

この取組みでは、民間企業経営者が企業的手法を持ち込んで採算性を確保しながら公共性の高い事業運営を行っており、図2-1③の企業力を活用して、②の公共領域の補完やコミュニティ醸成の機能を果たしているケースと位置づけられる。

第2節　公有財産を活用したＳＯＨＯ拠点
——ちよだプラットフォームスクウェア

起業とＳＯＨＯ拠点づくり

起業で新産業が創出されるには、人や情報が絶え間なく行き交う環境が必要だが、都市はそれに適した場を提供するのに相応しい。「ちよだプラットフォームスクウェア」（スクウェア）は、そのような環境を提供する施設であるが、運営はプラットフォームサービス株式会社により行われている。スクウェアが立地する東京都千代田区神田錦町は、日本を代表するオフィス街・大手町のすぐ北に位置するが、大手町とは異なり小規模なビルや飲食店がひしめいていて、下町の風情を漂わせている。*

スクウェアは、千代田区所有の中小企業センタービルで事業展開している。五階建てで延べ床面積五七〇〇平方メートルのビルであるが、二〇〇三年までは千代田区の外郭団体が入居する普通の役所の建物だった。しかし有効活用が求められ、一棟全体をスクウェアが二〇〇四年から一〇年の定期賃貸借により借り上げている。

スクウェアが施設管理者となるまでのプロセスは興味深い。区が施設の有効利用のため、ＳＯＨＯの拠点づくりを目指して二〇〇三年に事業者を公募した。しかし通常の指定管理者制度と異なり、事業に施設改修も含まれていて、応募にあたっては改修の内容と費用、施設運営のあり方までを含む丸ごとのアイデア提示が求められた。その分だけ民間事業者の裁量と工夫の余地は大きかったと言える。

アイデア豊富な施設経営

スクウェアの経営は、オフィス家具の製造販売を行う事業家と建築家が担っていて、両者の持てるノウハウが施設改修やオフィス設備などにいかんなく発揮されている。オフィス空間は、小部屋に仕切られた空間(クローズドネスト)と、大きな広間空間(オープンネスト)に分かれている。前者は、比較的広い部屋から一人用の小さい空間までサイズが異なり、多様なニーズに応えられる。

しかしスクウェアの真骨頂は後者にある。起業では一人で事業開始を目指すことがあるが、そのような需要に応え、かつ志を同じくする者の交流のため、オープンネストでは、多くの起業家たちが間仕切りの自由な空間で業務を行っている。一人用のオフィス設備は、使用しない時は折りたためば厚さ五〇センチ程度の板状になるが、使用時に九〇度まで開けば机と戸棚が出現し個人空間に早変わりする。コピー機や打ち合わせの場所は共用で、コスト低減につながっている。

改修された施設や利用方法には、周辺コミュニティへの配慮も行き届いている。ビル一階周辺のスペースにはウッドデッキが設けられ、地方産品の販売マーケットや、長い歴史を誇る神田明神のお祭りの御神酒処などに活用されていて、地域コミュニティに溶け込んでいる。地下空間は、ミネラルウォーターのプラントに賃貸されているが、災害時には一万リットルに及ぶ水を近隣住民に無償提供する契約が結ばれている。

テナントの多くは小さい事業者であるが、フロアには確実な賃料収入が期待できるキーテナントが入居していて、経営の安定に貢献している。

コミュニティとしてのスクウェア

スクウェアの理念の一つは、入居者相互の親睦と連携を促すことにある。会計士や法律家なども入居していて、他の入居者に専門的サービスが提供されることもしばしばという。また複数の小規模市町村が、一つの部屋を東京事務所として共同利用していて、地方自治体相互の協働事業を生み出すこともある。

正面入口のロビーはカフェと連続しており、入居者の交流や打ち合わせのための空間として機能している。カフェで提供される食材は、入居している市町村から調達され、東京でのアンテナ機能も果たしている。スクウェアの使命として、地域再生と担い手の育成が掲げられているが、地方と都市の連携の場となることが意識されている。

配当をしない株式会社

スクウェアは、この事業のために立ち上げられた株式会社である。資本金は七〇〇〇万円で、創立メンバーによる一七五〇万円の出資と、趣旨に賛同する千代田区内の関係者からの出資一七五〇万円に加えて、一口五〇万円で七〇口のファンドが組成された。後者は全額がスクウェアの優先株取得に充てられているが、これに対しては二年目から年五％の配当が行われている。

最大の特徴は、株式会社であるのに、普通株式への配当は行わないことである。基本理念に「プラットフォーム機能を提供するまちづくり会社として社会の公器となる」と謳われていて、会社定款では、剰余金は理念遂行のために再投資すると定められている。会社解散時の残余財産は通常は出資者間で分配されるが、ここでは分配は出資額にとどめ、それを超える額は理念を同じくする団体に寄附するとされていて、事業を通じて社会の公器となる思想が貫徹されている。

趣旨を理解した出資者が存在するのは創立者の魅力や人脈にもよるが、同時に大都市圏の奥深さも感じさせる。経営者は、普通株式への配当は年に一回の株主総会後の懇談会への招待だけと語る。

スクウェアは、日本政策投資銀行と商工中金、地元信用金庫の三機関から合計七五〇〇万円の融資を受けており、公共性を発揮しながらも収益性は放棄していない。当初段階から黒字経営を続け、既に借入金は完済された。

組織をNPO法人ではなく株式会社としたのは、一つにはNPO法人には出資が認められていないことがある。この事業では、行政からの支援は建物の賃貸借以外に期待しておらず、会費や寄附だけで相当規模の事業を展開するのは容易ではない。また事業活動は環境の変化に柔軟でなければならないが、NPO法人では、経営者の経営権が強く限定されるため、ことスクウェアに関しては株式会社のメリットが上回ると判断された。ソーシャルビジネスとしての活動は必ずしも組織形態には縛られない。事業の内容や経営方針によって財団やNPO法人、株式会社など多様な形態が選択できる事例として興味深い。実際、東日本大震災の被災地である釜石市では、復興のための街づくり会社が非営利の株式会社としてスクウェアの経営者により設立され、震災復興の役割を担おうとしている。

世田谷ものづくり学校とちよだプラットフォームスクウェアはいずれも公有財産を活用しているが、二つの事例に共通した点として、第一に、株式会社形態を採用したソーシャルビジネスとしての特徴がある。株式会社として収益性は確保し借入金は確実に返済しているが、出資者には配当していない。第二に、行政との関係である。両者とも公有施設をハード面の改修から手がけていること、有限の賃貸借契約に幾分不自由さを感じていることがある。そして第三に、いずれも施設内の入居者相互の間と施設が立地する地域とのコミュニティの醸成が意識されていることである。

この事業は、非営利型株式会社として公共性と事業性の両立を目指し、現在の株式会社制度を上手く活用していて、前述のユヌスの七条件のいずれにも、そのまま該当している。この取組みは、基本的には賃料収入をベースに事業性を確保した図2-1③の企業的手法により都市を支える新しい公共の典型であり、機能的には、地域コミュニティへの意識、地域防災への備えなど高い公共性を実現していて、②公共領域の補完機能を発揮している好例である。

第3節　ものづくり職人との触れあいを通じたコミュニティ強化
――東大阪市高井田地区

進まない企業と地域コミュニティの融合

企業では、各企業の内部でのコミュニティは保たれていても、地域コミュニティとは疎遠なことが多く、操業に伴う騒音・悪臭や企業が原因となっている道路混雑などについて地域と改善の取り決めはされても、地域コミュニティの一員としての地縁的な関係は薄いのが普通である。

このような状況を改めるために、例えば大規模店舗の開店にあたって「法人市民」として地域コミュニティに参加することが求められるなど、地域コミュニティと企業の融合について問題意識は出てきているが、まだ広く共有され、実質化しているとは言えない。次に取り上げる企業が参加したコミュニティづくりの事例は、町工場の集積する大都市圏の地区で、住民と企業が協働で地域コミュニティの醸成を進める取組みである。

ものづくりの後継者不足

団塊の世代が退職年齢を迎え、企業内の技術の円滑な継承が懸念されている。特に中小企業では継承の失敗は企業の存亡に直結しかねない。全国各地で特徴ある中小企業の集積がみられるが、大阪府東大阪市の高井田地区は金属・機械をはじめ多様な業種の集積地として知られている。ここでの取組みは、後継者難に悩む町工場で職人と地元の高校生という異質な出会いの接点を設けることである。それは生徒にとっては職業教育の場となり、同時に地域文化を再認識する機会となる。一方、地場の中小企業にとっては技能継承の可能性が出てくるし、これらを通じて地域コミュニティの強化につながることが期待されている。*

この取組みの対象である高井田地区には約一六〇ヘクタールの区域に一〇〇〇余りの製造業が立地

していて、約八〇〇〇人の従業員が働いている。ゆるまないボルトなどの分野で世界オンリーワン企業も存在するが、交通条件に恵まれていて産業用地としての需要は根強く、近年でも地価は堅調な動きをみせている。しかし一方で、町工場の担い手や職人の高齢化が進んで閉鎖する事業所も出ていて、過去一五年で人口は約三割、事業所は約二割減少している。

高井田地区に事業所が集まり出したのは高度成長期の昭和三〇年代からである。主に大阪市内から移転してきた工場によって、職住同居の町工場の一大集積地になったが、近年では工場が減少する他方で、高速道路の利便性もあって流通業者の進出が著しくなった。また交通の便がよいことに加えて、地価が値ごろなこともあり、十数年前からは住宅の進出が目立ち始めた。そのため昭和四〇年代・五〇年代には問題にもならなかった工場からの騒音などが表面化し、地区では町工場と住民の間で軋轢が出てきた。

それは地元経営者の事業活動に深刻な影響を与えた。いずれ隣地が住宅地になると工場を続けられなくなる恐れがあるため経営者が投資を手控えたり、将来、今の工場が住宅地に変容すると予想して、後継ぎが育たないようなことも起こった。

このような状況を打開するため、地区で工場経営者と住民が参加した任意団体「高井田まちづくり協議会」が立ち上がり、住民との間で騒音など居住環境の改善についてルール作りが進められてきた。これは任意のルールであるが、現在では東大阪市も地域で作られたルールとして尊重するまでになっている。

それまでも入り組んだ狭い路地を建物のセットバックによって通常の街路にし、地区環境を改善する取組みなどが行われてはいたが、協議会によって事業所と住民の相互理解の場が拡がり、現在では協議会を足場にして、幅広く防犯やＰＴＡ活動、スポーツ競技会なども協働で運営されている。

職人と学生の触れあい

協議会では活動の一環として、二〇〇八年から町工場の経営者や職人と地元の高校生の出会いの場を設ける取組みが実施された。高井田地区での取組みは、高校生による町工場の職人への「聞き書き」という手法で進められた。聞き書きとは、街の普通の人のしてきたことや考えてきたことを次世代に伝える方法であり、予め質問を丹念に用意し、インタビューを受ける人の話した通りの言葉を伝える。「聞き書き甲子園」という活動が一〇年来実施されているが、そこでは高校生が林業の担い手や炭焼き職人、漁師などの名人を対象に聞き書きしている。

地元の高校生には聞き書きの方法を合宿形式で伝授しているが、工場の職人に職場体験や職人の心構えなどを質問することで、人となりや思想、生きざまを見出していく。この方法をとることにより、高校生たちは職人の凄さを肌で感じ、工業技術や職場環境を伝えるだけでなく、人を見ることの大事さを知り、人に伝えることができる。冊子にまとめられた聞き書きの記録をみると、普段は無口な職人が高校生のインタビューを受けて、子供の頃の話や現在の仕事への思い、若い世代への期待などについて、自分の子供にも話したことがないと言いながら、高校生に語っている。職人が、自分も気づいていなかったことを聞き出されて自らの価値を再認識したり、高校生との接触で自らが触発される効果が生まれていて、高校生の感動は、ものづくりの地域への誇りに直結している。

インタビューは、インターンシップとは異なって一日か二日の限られた時間内での対応のため、協力する工場にとってもあまり負担にはならない利点があり、最初は距離を置いていた工場も、内容が分かってきて理解が進んできている。高校は、工業高校が主であるが、普通高校の生徒も含まれており、現在では毎年一五人程度を受け入れている。生徒を派遣している工業高校では、聞き書きを授業カリキュラムの一環に取り入れる動きがあるが、それによって活動が形骸化しないようにしなければならないといった議論も出てきている。

住工にまたがる地域コミュニティの強化

この活動の直接的な成果は、高校生が地元企業の価値に気づき、そこに就職して技能を継承することにあり、実際、インタビューした会社の経営者の眼鏡にかない、就職して活躍している生徒も出ているが、取組みの効果は多面的で街づくりにも及んでいる。

協議会の活動は、もともと工場と住宅の共生ルールをみつけることが目的だったが、そのことに興味が薄かった企業の意識にも、聞き書きによって変化が生じた。聞き書きに応じる企業間にネットワークができ、三年ほど前には共生の地域ルールが作られた。任意のルールであるが東大阪市も理解を示していて、地域に新たに住居を求める人達の間にも浸透するようになった。

聞き書き参加企業で、ものづくりの街のブランドを意識したポスターを作る活動が始まり、民間主導で東大阪市のブランド形成が進んでいった。聞き書きを介した高校生と職人との新しい関係は地域のまとまりを生み、コミュニティ形成の促進剤となったが、同時にまちづくり協議会の本来の目的である企業の操業環境と住環境の両方を向上させることにも役立つことになった。

取組みを支えるもの

高井田地区での取組みには多くの人が関わっている。聞き書き甲子園を主催してきた「ＮＰＯ法人共存の森ネットワーク」の協力を得て、秋田県から聞き書き作家の来訪を仰ぎ、生の教育機会が設けられるなど、外部の中間支援活動やボランティアにも支えられている。

最も大きな課題は資金である。活動初期には、政府によるモデル事業の補助金を活用したが、それに依存し続けることはできない。そこで地元企業から支援を仰いでいて、賛同企業は製造業だけでなく信用金庫や結婚式場など地域に密着した企業にも徐々に広がりを見せ始めているが、資金的には厳しい状況が続いている。

ＩＴやデザイン産業と異なり、ものづくり企業は騒音などで地域と摩擦を生みやすい。世界的な企業が存在するとはいえ、住民は町工場の価値を実感し難く、住民側からそれを地域ブランドに高める動きにはつながりにくい。この取組みは、そのような地域で、住民と企業が価値を再認識し、地域コミュニティの醸成を進める事業である。前二節の事例と異なり、企業が新しい公共の主体として活動しているわけではないが、住民と協働して地域コミュニティ強化に取り組んでいる。取組みの公共性、街づくりのルール形成への道筋としての重要性などを考慮に入れると、新しい公共の機能の図2-1③のうち、第2章第3節であげた「(3)企業が公共心を持って顧客や行政、地域住民などと協働して活動し、公共的なサービスが提供されるケース」に該当する一つの事例と考えることができ、まちづくり協議会という任意組織が主体となった、②公共領域の補完機能の事例と位置づけられる。

第4節　都市ブランドが支えるものづくり

ものづくりで発展してきた都市

本章で取り上げた事例は、日本のものづくりと都市との関係について興味ある示唆を与える。日本といえばものづくり大国で、それに営々と取り組み、今日の国の礎を築いてきた。米国では、リーマンショックの直後にものづくりの大切さが主張されていたが、わが国では、最先進国になった今でも、各地域はものづくりを標榜している。三大都市圏も同じで、東京では、「日本のものづくり」と言えば大田区のことだし、大阪では東大阪一帯や人工衛星の「まいど一号」のことだろう。一方、名古屋圏でのものづくりは、すべてにおいて徹底している。愛知県の製造業は出荷額だけでなく、付加価値額も過去四半世紀に亘って全国で飛びぬけた水準にある。県内総生産に占める第二次産業の割合も全国平均を大きく上回っており、産業発展論の教科書に照らし合わせれば産業の遅れた地域になるが、高い付加価値は逆に産業が進んでいることを意味する。

世界の先進諸国は、いずれもものづくりの国として発展してきたが、産業は、どのような産業でもいつまでも先端的ではなく、やがて標準的な産業になって他国に追いつかれ、賃金や地価の安いところに移ってゆく。そのとき、地域が空洞化するかどうかは、その国や地域がより付加価値の高い製品を作り出せるかどうかにかかっている。わが国の戦後の産業展開は、綿織物・毛織物などの軽工業から鉄鋼・石油化学・造船などの重化学工業、そして自動車や電気電子、工作機械などの加工組立型工業へと主導産業を柔軟に変えながら、空洞化を乗り越えて発展してきた。

現在では、わが国では、ものづくりの意味が多様化している。職人・職工の技能だけでなく、研究・開発、企画、デザイン・アート、情報、マーケティングなども、世田谷ものづくり学校の例で分かるように、ものづくりの重要な部分と理解されていて、高い付加価値を生み出している。これらの分野は、第三次産業として第二次産業の外で展開されることもあるし、製造業の企業の内部で包含されて発展し、製品に体化している場合もある。いずれの場合にも、現在では一次・二次・三次という産業分類自体は、企業の現場で大きな意味は持っていない。

歴史と文化のブランド

日本は、イタリアのデザイン産業やフランスのブランド雑貨、北欧の家具などの大きな市場となっている。これらの産業の製品の付加価値は、単に技術や品質、価格だけではなくイメージに依存するが、イメージが持つブランド力は、企業だけでなく、国や都市単位で形成される。日本の国としてのイメージは定着していると思うが、都市の歴史・文化がイメージとなり製品ブランドとして世界の市場で定着している例は稀なのではないか。

日本で都市圏が語られる時、経済・自然・文化・歴史などは、それぞれ個々別々の事として論じられていて、通常は一体化されたものとしては理解されていない。しかし稲作にまつわる行事に端的に現れているように、古来、産業は地域の自然と文化そのものだった。それらは工業化に伴って分離され別々に発展する。しかし世田谷ものづくり学校の取組みなどに現れているように、産業デザインやアートなど日本文化と産業が再び融合して製品に体化したり、アニメ・映画、Ｊポップなどの新しい情報産業として成長して、高付加価値産業に成長してきている。

日本の都市や地域の名称が一定のイメージを持ち、製品ブランドとして通用するようになるには、広域的な観光なども含めて長い取組みが必要だろうが、まず地域が自地域に誇りを持たなければ始まらない。その意味で、東大阪などの取組みは地道な取組みとして評価される。高いビルはどこでも造れるが、都市単位で歴史・文化と自然が体化された街をつくり、具体的なイメージを明瞭に示してブランド性を高めるのはこれからだろう。日本製品のブランド力として、機能・性能・品質への信頼とそれらに見合う価格に加え、都市の文化と歴史に支えられたイメージが加わるようになれば、それが都市の競争力にも跳ね返ってくることが期待される。そこにも、ものづくりの現場における新しい公共の活躍の場がある。

第6章　都市空間のエリアマネジメント

第1節　東京丸の内地区のエリアマネジメントにおける企業力の発揮

丸の内地区と公民協働

大都市ではビルの林立が都市景観になっているが、最近ではビルや敷地内で一般に開放された空間が増えていて、オープンカフェや市民によるイベントの実施など交流機能も備わってきており、ビル街が市民の日常生活にも馴染んできている。それは道路下などの地下空間でも同じであり、人が交流する多様な機能も持った場として使われていて、都市空間は、地上と地下が一体となって機能している。これらの地上・地下空間の施設の維持管理と空間を活用した人びとの交流・連携の活動はエリアマネジメントと総称されているが、それは民間企業と新しい公共・市民、行政の協働によって展開されている。

東京駅前・丸の内地区のエリアマネジメントは、民間企業が都市を支える新しい公共の一つの形である。この地区は日本を代表する業務市街地で、名だたる大企業が本社を置き高層ビルが立ち並ぶ国際業務センターである。北側に隣接する大手町地区と有楽町地区を合わせて大丸有地区と呼ばれるが、大丸有地区の面積は約一二〇ヘクタール、そこに約四〇〇〇の事業所が集中する。市街地として整然とした区割りが行われており、西には皇居と皇居前広場、東には赤レンガの東京駅があって、都市景観の面でも代表的な地区である。東京駅と皇居を結ぶ行幸通りでは、各国の駐在大使が天皇陛下に拝謁する際に、馬車で皇居に参内する儀式が執り行われている。

大丸有地区では、歴史的に民間企業が相互に協調した街づくりが行われている。一九八八年には地区の企業群により正式に協議会が結成され、九四年に街づくり基本協定が締結された。協定では、新たな都心景観の形成、国際業務センターの形成、快適な都心空間の形成、社会的貢献、公民協調の街づくりなどの理念が確認され、互いにビジョンを共有するに至っている。*

一九九六年、東京都や千代田区などの行政も参加したまちづくり懇談会が組織され、二〇〇〇年には、まちづくりガイドラインが作成された。ガイドラインは〇八年に現在のものに更新されているが、五つの基本理念の一つとして、公共と民間の協働(PPP:Public Private Partnership)が掲げられており、公民が協働で、都市基盤の整備、街の賑わいの創出事業、環境共生型まちづくり、水と緑のネットワークづくり、防災・防犯などを行うとされている。ここに至ってビジョンは企業と行政で共有され、行政のガイドラインとしても機能している。既にできあがった街を変えるのは容易ではないが、ガイドラインは協働で時間をかけながら街を変化させていく指針になっている。

このような考え方の下で、大丸有地区では、新しい公共に位置づけられる多彩な取組みが展開されている。ここでは、その核である丸の内地区を中心とする歩行者空間などの公的空間の管理・活用、地区循環バスの運行の取組みについてみることにする。

公共空間の活用・管理にみられる新しい公共

新丸ビル前の丸の内地下広場は道路下にあり、隣接する東京メトロのコンコースと一体となって広い地下空間を形成している。この地区は東京都と三菱地所が協働で整備しているが、東京都は通常の街路事業として整備し、三菱地所は、道路下の公共空間を東京都から特に許可を受けて整備した形をとっていて、行政と民間の協働で一体的な空間が形成されている。

管理組織として、二〇〇四年に締結された東京都と三菱地所の協定により、二〇〇七年、三菱地所が主となった中間法人「丸の内パブリックスペースマネジメント」が設立され、民間所有の隣接地区と合わせて維持管理を行うことになった。

これは東京都と民間企業の双方にメリットをもたらす。東京都にとっては、維持管理を民間企業に委ねることで財政支出を削減でき、一方、民間企業にとっては、公共空間を広告掲出や各種のイベントなどに利用でき来訪者の増大が期待される。またこれらの行事や防災の取組みを、東京メトロや隣接の民間企業などと一体的に進められるのもメリットである。

管理法人は、二〇〇九年に三菱地所とＪＲ東日本や東京メトロなどを会員とする一般社団法人に改組され、施設の巡回・保安・清掃・保守点検の維持管理の他、広告・イベントなどの賑わい創出業務を行っている。広告については、公共空間に相応しいかどうかを都と共同で審査し、公共性を保つよう配慮されている。維持管理費や広告板占用料などの支出は、東京都からの負担金や広告料収入の他、社団法人の会員からの拠出により賄われている。

都道の行幸通りの地下空間の管理にも工夫がみられる。ここは歩行者の通路というより、街の賑わい空間として潜在力を持っているが、三菱地所に占用許可が与えられていて、社団法人が三菱地所から委託を受けて利用と維持管理を行っている。このように東京駅前の広い地下の公共空間の整備と管理・活用が、さまざまな工夫を凝らした新しい公共の担い手を設けることで一体的に進められている。

循環バスサービスの提供

ソフト面の取組みの例が、地区内を循環するバスの丸の内シャトルである。ビジネスや買物、観光などを目的とする来訪者のために、新丸ビルを中心に北は大手町地区、南は日比谷地区を毎日八時から二〇時まで、十数分間隔で無料運行している。二〇一〇年度の利用者は五六万人を超えていて、短距離移動の足として定着しつつある。運行は日の丸リムジンが担っているが、経費は三菱地所をはじめとする協賛各社が負担している。三菱地所にとっては、このサービスの提供で地区内の移動が便利になり地区のイメージ向上が期待されるが、街づくり企業としてのCSRの取組みとして高く評価すべきと考える。丸の内カフェ(現在はmarunouchi cafe SEEK)は来訪者に開放されたコミュニケーション空間であるが、書籍閲覧やパソコン利用も三菱地所の負担で無償提供がされている。

この地区では、他にも二〇〇二年に、NPO法人大丸有エリアマネジメント協会が地区の法人を中心とした法人会員六五社と個人会員を含む約二〇〇者によって組織されている。この協会は、地区の活性化のために、市民が参画した芸術関係の行事や打ち水プロジェクト、エコキッズ探検隊などのイベント、公開空地におけるオープンカフェの運営などの多彩な活動を、構成員の会費と協賛金などを原資に実施している。

エリアマネジメントの特徴

この地区での取組みは、三菱地所という丸の内地区に多くのオフィスビルを保有する有力企業が、二〇年以上に及ぶ歳月をかけて取り組んできたもので、制度や事業の特性を熟慮した特徴がみられる。

第一はさまざまな組織形態の使い分けである。取組みの内容や時期、関係者の広がり、原資の性格などに応じて相応しい組織形態が巧みに使い分けられている。関係者間の単なる協議の場として利用する時には懇談会などの任意団体とされ、資産所有や契約締結など法人格が必要な場合には社団法人やＮＰＯ法人の形態が選ばれている。また公共空間の管理など関係者が一定範囲に限定される場合には社団法人が、イベント実施で広く構成員を募る必要がある時にはＮＰＯ法人が選択されている。

環境への取組みについて、地区の民間企業と自治体・ＮＰＯ法人などが連携し、朝型ライフスタイルに向けたセミナーの開講、環境共生のための企業ネットワークづくり、低炭素社会に向けた実証実験などが進められていて、そのために一般社団法人（エコッツェリア協会）が設立されているが、これも内容と段階に応じた組織形態の選択の結果である。

第二に、公共空間での広告掲出である。公共空間に相応しい広告掲出を柔軟に認めることで、街の賑わいを作り出すとともに、維持管理費の調達手段として活用することは、多くの場所で参考にできることであろう。

第三に、民間企業の費用負担である。特定の民間企業が費用負担している丸の内シャトルと丸の内カフェの取組みは企業のCSRとして評価されるが、他の地区でも同様の取組みが行われることは直ちには期待し難い。他の地区での同種の取組みの可能性を高めるためには、資金調達について検討する必要があるし、税制などを通じた寄附の資金経路の拡大が期待される。

多様な組織によるビジョンを共有した活動は、日本のエリアマネジメントの代表的な取組みとして常に話題に上るが、その内容をよくみると、イベントやワークショップ、セミナーの開催など広く市民が参画する行事を通じてエリアのブランドイメージを形成する動態的な意図が強く感じられる。丸の内地区での街づくりと街の維持管理は、図2-1③の企業力を活用した民間領域の機能発揮であるが、本来事業の採算性、事業性を向上させる狭い視点にとどまらず、民間企業による企業的手法を多彩に活用しながら、広く②の公共領域の補完機能を担う、新しい公共の営みと位置づけられる。

第2節　札幌の厳しい冬をしのぐエリアマネジメント

まちづくり会社によるエリアマネジメント

札幌市は人口一九〇万の大都市で、北海道の道庁所在都市としてブロック経済の中枢である。碁盤の目のような整然とした区画と札幌駅、道庁、北海道大学などの配置は明治初期に開拓使により整備が始められた。市の象徴のテレビ塔を東端とした東西約一・五キロに及ぶ大通公園は火災時の延焼防止機能を持っているが、冬季のさっぽろ雪まつりや夏季のＹＯＳＡＫＯＩソーラン祭りなど多彩なイベントが実施される市のシンボル的な空間であり、隣のすすきの地区とともに一大商業地区を形成している。もう一つの成長著しい地区が札幌駅を中心とした一帯で、商業施設だけでなくオフィスビルも急速に整備されつつある。両地区は地下鉄で一駅ほどの距離であるが、駅周辺の整備が進むに伴いショッピングなどでの人の集まりも、すすきの地区から交通の便がよい駅周辺へと変化していて、特に歩行環境が厳しい冬季について人の回遊性を高めることが課題だった。*

これに挑戦するための取組みが、両地区を結ぶ長さ約六八〇メートルの地下歩道で展開されている。二〇一一年三月から道路下に約二〇メートルの幅で歩行空間が供用された。この歩道の内、中央部分の約一二メートルは歩行者用であるが、両側の各約四メートル幅の部分と通りに沿った三カ所の交差点下の広いスペースは、イベントの開催やオープンカフェ的な休憩スペース、大型ビジョンの設置などに使われており、冬場でも散策が楽しめる憩いの空間として整備されている。

憩いの空間部分はもともと道路であるが、道路機能に加えて広場としての滞留機能を果たすことが期待された。そのため、その部分は道路と広場の両方の機能を発揮するよう兼用工作物と呼ばれる空間に位置づけされた。この制度は堤防と道路を組み合わせた堤防道路にみられるように、行政の管理者は異なっても一体として管理できるようにした制度であり、これが工夫の第一段階である。

第二段階は、広場の管理をまちづくり会社が行うことである。「札幌駅前通まちづくり(株)」は、近隣企業や駅前通振興会、商工会議所、市などの九九〇万円の出資金で設立されたが、札幌市から地下歩道空間の指定管理者に指名され、地下の目抜き通りの施設配置や広場の活用などの管理が委託された。憩いの空間では、まちづくり会社が中心となりNPO法人や地域団体などと協働して、ジャズライブや子供ミュージカルなどの音楽イベント、書道・アイヌ・街角パフォーマンスなどのパフォーマンス、アーティストや建築家、デザイナーによる各種展示会、菊まつりなどの季節の行事、北海道各地の物産展など多様な催しが連日のように実施されている。

期待される高い収益性と新たな課題

供用後の歩行者の通行量は、一日平均七〜八万人に上っていて平日でも賑わっており、北海道の中心的なストリートに成長しつつある。しかし、両地区の回遊性は高まったものの、新たに人が地下歩行空間に集まってしまったため、歩行者をいかに地下から地上の施設に誘導するかが課題になっている。

会社の収入は、広告料とイベント出展料、札幌市の指定管理料などであるが、もともと収益機会が多く高い収益が期待される地域であり、今後、事業領域の拡張や広場利用の工夫によって事業収益をあげ、それを地域に還元することが意図されていて、ソーシャルビジネスの性格を高めていくことが期待される。行政も関わった会社組織による道路空間のマネジメントの事例として、図2-1の③企業的手法を活用した民間領域での公共性の発揮の事例のうち、行政を補完する②の範疇に位置づけられよう。

丸の内と札幌のエリアマネジメントは、いずれも公共空間を公民協働の考え方によって民間主体が管理しており、民間の知恵を発揮して広場利用料や広告収入を確保し管理財源の一部に充てる点は共通している。しかし管理の担い手である民間主体は、丸の内では単独企業、札幌では多くの企業などで設立された会社である。そこから、道路占用や業務委託という管理の形態の違いも生まれている。

第3節　家守手法でのエリアマネジメント——セントラルイースト東京

現代の家守

家守という言葉がある。江戸時代に不在地主に代わって家を管理し、店子のもろもろの相談にのって、貸家と街の経営を担っていた。今風に言えば、ビジネス支援としてのビル管理やテナントの仲介、集客に加えて、地域イメージ向上のための行事開催を行う役割を担っていて、街の総合管理役と言える。前述のちよだプラットフォームも同じであるが、このような現代版家守の活躍が、民間ビルを活用したエリアマネジメントでもみられる。*

前章で紹介した千代田区神田錦町は、小規模な事務所ビルが立地する地区だが、東の隅田川寄りには繊維を中心にした問屋街の中央区日本橋馬喰町や横山町がある。問屋街は石油ショックの影響をまともに受けて衰退の一途を辿り、空きビル・空き店舗などの遊休不動産が大量に発生し地域活力の低下に悩んできた。しかし東京の中心部で、道路や公園、地下鉄などのインフラは整っている。

その地区を舞台に、「東京デザイナーズブロック・セントラルイースト」と称して、二〇〇三年に芸術関係の行事が開催された。空きビル・空き室を活用して、無名の芸術・デザイン関係者が作品を展示し、それを来訪者が地図を片手に見て歩く行事である。その後も毎年秋頃に開催が続き、多くの芸術関係者やボランティアが参加してシンポジウムやワークショップ、デザイングッズの制作・販売などが行われており、三年目から参加区画は一三〇を超えた。街づくりは、いかに情報発信できるかが勝負であるが、空きビル・空き室の活用だけでなく、広く下町全体のイメージアップを図る活動や広報も積極的に展開されていて次第に成果があがり、〇八年頃から名の知れたブランドのギャラリーが進出し始めた。それが若年層の人気雑誌に掲載され、かつての繊維問屋街は急速に洒落た街に変身しつつある。今では、この地区は「セントラルイースト東京」(CET)と呼ばれている。

エリアマネジメントの視点

当初は、街づくりを進めるといっても地域の有力者の理解が得られず、関心を持った地元経営者の間には苛立ちや諦めの雰囲気が漂っていた。しかし地区に関心を持つ都市計画の専門家が、懇意の芸術関係ディレクターを地元経営者に引き合わせると話が進み始め、行事開催の大枠が固まるまで数カ月の速さだった。ディレクターが展示場への活用を考えた空きビルは廃墟同然の建物ばかりだったが、それら老朽資源が、外部専門家の目利きで地域資源として発掘された。CETの事務局は、都市計画の専門家が経営するコンサルタント会社が担っている。現代版家守としての機能は多様だが、考え方にはいくつかのポイントが見出せる。

第一に、空きビル・空き室一つ一つの価値ではなく、地区全体の価値の向上を目指していることである。個々の建築物の価値を決めるのは、それの性能・外観と同時に地区全体のイメージである。単に空きビル・空き室が埋まればよいということでなく、空きビル・空き室と入居する芸術関係者とのマッチングが重視されている。これはディレクターとしての裏方機能と説明されるが、そこに民間による公共の視点がある。

第二に、行政の補助金に頼らず、地区独自の活動で持続的に雇用が生まれることが大事だと考えられていることである。補助金をもらい役所の意見を聞いて事業をすると、当たり障りのないものになりがちである。地域を変えるには、取組みが突き抜けていて、それを面白いと思える人達が不可欠である。その人達が公共心を持ち、行政には依存しない独立自尊の心構えで取り組む時に活動は力を得る。行政との連携は必要だが、民間が行政の持つ資源を使いこなす姿勢が必要であり、そのため行政とのある程度の距離感は大事である。

しかし行政補助を受けないとなると、資金確保の工夫が必要となるが、一つの方法として地区の集合管理がある。例えばビルのエレベータ保守は一般に外部化されていて、多くの契約はビルごとに結ばれている。しかし管理を集合的に行うと管理コストが節減でき、節減分をビル所有者への還元や地域への再投資などに振り向ければ一挙両得になる。

エリアマネジメントには、地区のマネジメント機能とプロデュース機能の両方が含まれる。前者は不動産や資産管理であり、後者は、芸術関連行事の開催や広報活動、集客など地区ブランドを形成する活動である。大丸有の活動も資産管理を超えた多面的な取組みに特徴があるが、ここでも前者だけでなく後者にも力を注いでおり、それは両者に共通する。

街づくりに人材が大事ということはどこでも語られるが、CETの運営者は、街の土台は人だけでなく不動産にもあると考える。地区の価値が高まり、不動産所有者がそれを実感するようになると、考え方が共有されて活動に持続性が生まれる。CETの活動は、多数の中小ビル所有者の意識を変革させる触媒であり、一種の中間支援的な位置づけを持っている。

最後に、街づくり活動のルールの一つとして、「自分ができる役割を楽しみながらやる」ということがあげられている。関係者は、活動に楽しみを見出しているようで、その姿は、新しい公共の大事な点を再認識させてくれる。株式会社主体の取組みで採算性への意識は高く、図2-1の③企業的手法を活用した民間領域での公共性の発揮の色彩が濃いが、機能面では、沈滞している地域の活性化への視点から②公共領域の補完の事例と位置づけられる。

第4節　街の安全、防犯での新しい公共の営み——横浜市中区寿町

簡易宿泊所の集積地

わが国の治安は、住民の匿名性が高くコミュニティが脆弱な都市圏でも、国際比較で高い評価を得ている。街の安全・防犯は警察の役割であるが、警察に依存するだけでなく、地域住民が参加して通学路の安全をＰＴＡが担うとか、住宅地で見慣れない外来者を相互に監視するなどの取組みが従来から行われており、それによって地域イメージの一新が図られることもある。ここで取り上げるのは、ソーシャルビジネス的な手法によって高齢化した日雇労働者の街を新しい街として再生する事業であり、エリアマネジメントそのものではないが、それを促す基盤となる取組みである。

横浜市中区の寿町地区は、ＪＲ横浜駅からＪＲ根岸線で三つ目の石川町駅に近接していて、全国的に有名な横浜中華街とは駅を挟んで反対側にある。約二〇〇メートル四方の地区には、実際の住民登録を大きく上回る約六五〇〇人が居住する。職業安定所に通う港湾労働者が集積し、そのまま高齢化して現在の地区が形成されたため、住民の過半数は六五歳以上の単身者で、また住民の八割以上が生活保護を受給している(二〇一一年度)*。

地区には一二〇棟を超える簡易宿泊所が建ち並び、室数は約八八〇〇室を数える。部屋は三畳余りと狭いため、仕事に従事しない者が昼間に街を徘徊し、外部の来訪者が少ない地区となっていた。

生活保護受給者については、就労と自立のために行政もさまざまな施策を行ってきたが、それらの施策は、受給者が人と交わり社会に円滑に包摂されることによって実効あるものになる。寿町地区の取組みは、簡易宿泊所の恒常的な空室を地域資源として活用することにある。それによって第一に地区外の来訪者を誘導して地区環境を変化させること、第二に来訪者と受給者の接点を作るなどして就労と自立の可能性を高めること、第三にそれによって地区の雇用機会を創出すること、が目標とされており、ビジネス手法を活用して実施している。

資源に変わる簡易宿泊所

この地区の簡易宿泊所では、居住者数を勘案すると、常時二〇〇〇室以上が空室になっている。それらを外国からのバックパッカーや国内の若者旅行者の安価な宿泊所、ワーキングホリデーの拠点、外国のビジネスマンの長期宿泊所などとして積極的に活用し、街のイメージを一新しようとしている。

取組みで中心的な役割を果たしているのが、二〇〇七年に設立された有限責任会社「コトラボ合同会社」である。コトラボ社は、既存の簡易宿泊所から居室の提供を受け、新しい顧客層へのＰＲや宿泊申し込みの受付、居室の改修支援などを行っており、街の中心部にある「ヨコハマホステルヴィレッジ」と呼ばれる事務所が提携簡易宿泊所のフロント機能を果たしている。宿泊所の利用者は、数カ国語のホームページから予約し、現地受付を事務所で済ませている。

コトラボ社がソフト運営を担い、宿泊所の維持管理は宿泊所の所有者が行う。宿泊所は清潔感があり、階段は日本の風景画や鎧兜の置物など日本趣味で飾られていて、日本語の本の無料貸与が行われるなど、所有者独自の工夫が凝らされている。

寿町のような地区を「ドヤ街」と呼ぶことがある。宿《やど》を逆にした語のようであるが、顧客構造の一部を変化させて、宿にもう一度逆転させていく試みである。二〇〇七年の取組み以来、年齢では小児から七七歳の高齢者、国籍では七〇カ国を数える宿泊者が訪れており、狭いが一泊三〇〇〇円程度という圧倒的に安い宿泊料で宿泊している。生活保護受給者の中には、来訪者と交わりを持つことでやり甲斐を見出し、福祉ヘルパーとして自立を果たした例も生まれた。

この取組みは、観光やビジネスなどの来訪者に宿を提供するというビジネスをベースに、地区のイメージの刷新、地区内の高齢者と社会の接点の拡大、それを通じて就労・自立の促進という効果を狙っており、図２-１③のソーシャルビジネスの企業的手法を用いながら、生活保護受給者の自立促進を目指すという②の公共領域の補完を目指す取組みと考えられる。

第7章　大都市圏のアートによる地域づくり

第1節　アートを介した街づくり

欧米の街では、美術館・自然史博物館・歴史博物館が三点セットで揃っていることが普通にあり、小さな町でも、空き家を利用して町の自然や歴史的文物、地元出身の芸術家の作品などを常時展示している。わが国でも、地域の歴史文化を再認識し、住民や出身者が地域に誇りを持つ拠点として、各地で整備が進められてきた。芸術というと高尚な響きを感じるが、地域づくりでは「アート」という親しみやすい言葉が使われることが多い。アートは、美術館・博物館の中だけでなく、街づくりや教育、福祉などにも広がりを持っており、地域行事とも結び付いて人びとが参画しやすく、都市部における街づくりの手法としても注目されている。芸術関係者の中には、地域の伝統文化を分かりやすく解釈して、今の世代に伝えられる者もいるし、地域でのワークショップの開催はコミュニティの強化につながる。街づくりの道具としてのアートの活用も、度が過ぎると本来の意味が見失われる恐れがあると言われるが、地域のコミュニティづくりと深い関係を持っていることは間違いない。

美術、デザイン、工芸などを媒介にした街づくり・地域おこしは、都市圏と地方圏を問わず、日本各地で盛んになっている。数年おきに、一定期間、開催時期を区切って行事が行われることもあるし、恒常的に取り組まれることもある。前者は、イタリア語で開催頻度によって「ビエンナーレ」(二年に一度)、「トリエンナーレ」(三年に一度)といった名称で呼ばれている。現代美術をテーマにしていることが多いが、各地域の特性を活かした企画もあり、例えば棟方志功にちなんだ青森市の版画、岐阜・美濃の陶磁器、全国各地の木工等々である。開催場所も、古民家、空き家・空き店舗、廃校舎、街角、公園、田畑・山林、河原などさまざまであり、横浜市や名古屋市のように都市全体を使った開催もある。

これらの取組みは、一般の美術展覧会とは異なり、日常生活で馴染みの薄かった現代美術に市民が自然に接する機会になっているし、市民や学生など多様な人びとが運営に参加していて、コミュニティづくりにも貢献している。開催が数年おきになるのはテーマ設定や招待作家の決定など企画に時間を要すること、地方自治体の予算の制約の他に、毎年開催で市民に飽きられないことへの配慮もある。

大都市圏では、民間と行政の共同組織や民間企業が、デザインやアートをテーマに地域の産業と結び付けて恒常的に取り組んでいる例が多い。ファッションデザインへの取組みでは、神戸市や、アジアに目を向けると韓国・ソウル市などがよく知られているが、名古屋市の一九八九年の世界デザイン博覧会を契機にした取組みでは、公民協働で設置された都心部のデザインセンターを中心に、ものづくりの地域特性を活かした産業デザインをテーマにした取組みが展開されていた。市民が参加する企画や展示会、フィンランドの家具など海外都市との協働事業、デザイナー派遣などの中小企業支援事業、調査研究などの取組みが実施されており、市民が集まる場になっていた。

都市圏の街づくりにおけるアートの位置づけはさまざまである。現代アートそのものを取組みの中心に据えてそれに市民が参加する場合もあるが、地域の行事にアートの色合いを添えるような取組みや、街並みのデザインにアート感覚を取り入れる取組みもある。それらは地域経済の振興が目的というよりも、地域コミュニティの醸成を狙った取組みが多く、芸術関係者の既成概念にとらわれない発想が地域づくりに一定の成果をあげているように感じられる。ここでは都市圏におけるこれらさまざまな取組みのそれぞれの特徴を具体的にみるために、大阪府門真市と東京都千代田区の事例、およびアートを介していわゆる青線地帯を新しい街に再生する横浜市の事例を取り上げる。

第２節　都市の商店街の復興——大阪府門真市

低迷する大都市圏の都市

門真市は、大阪府の北東部にある人口約一三万人の都市である。大阪都心の淀屋橋駅から電車で約二〇分の至近距離にあり、大阪市のベッドタウンであるが、パナソニック本社の所在地としても知られており、多くの府民にとっては運転免許試験場で馴染み深い所でもある。*

門真市は立地に恵まれているが、大阪府の相対的地盤沈下に伴い一九七五年に一四万三〇〇〇人を超えた人口も漸減傾向にあり、商店街の活性化は大きな課題となっている。高度成長期には大阪市の郊外住宅地として開発が進み、二階造りの一戸建て住宅が連なったいわゆる文化住宅や、同様の建物が軒を連ねる商店街ができていった。しかしそれから四〇年以上が経過し、建物の老朽化と住民の高齢化が一気に進んだ。現在では、古くからの商店街ではシャッターが閉まったままになっている店が多く、住宅地では狭い路地の両側に古い家屋が立ち並び、各戸の植木鉢が家の前の道路にはみ出す住宅密集地になっていて、住民の高齢化で、戸建て住宅や古い二階建てアパートでは二階は使われないままになっている様子が散見される。このような状況に対し門真市では、中心地域である京阪電鉄・古川橋駅一帯で、アートを介した街の再生事業が実行されつつある。

空き店舗のアトリエ化

現在、事業が進みつつあるのは門真市幸福町・垣内町・中町などの住宅密集地であるが、商店主や地元企業、行政、住民が連携して「かどまアート&エコタウンプロジェクト」と呼ばれる取組みが行われてきた。二〇〇九年に、空き店舗に苦しんできた幸福本通商店街で、五つの空き店舗を活用して、「これから展」と称する展示会が催された。展示会では、バスタブやブラウン管などを活用した芸術関係者による造形や映像作品、職人によるふすま絵、ケーキを模した万華鏡などユニークな作品群が提示された。「おじいちゃん、忘れないよツアー」は、門真市の歴史や文化を古くからの在住者が語り、現地映像と組み合わせて商店街を体感させる試みであるが、アートの幅広さと街づくりの関係を再認識させる。翌年にかけては公募で選定された一〇人を超える芸術関係者に、アトリエスペースとして、三カ月間、空き店舗を無償貸与した。入居者には、展示や各種行事、アートスクール開催、街づくりワークショップへの参加などが求められ、街の継続的な賑わいに貢献することが期待された。商店街は異なるが、空き店舗を活用して、芸術系大学の講師による子供アートスクールなども開催され、約一五〇名が参加している。

持続性が課題

もともと門真市は、大都市圏としては物価が比較的安いこともあり、若手の芸術関係者がアトリエを構えていて、それを地域資源として活かせないかという問題提起があった。それを下地に、二〇〇七年に門真市が策定した都市ビジョンが、アートを活用した「幸福町・中町まちづくり基本構想」へと具体化し、それを事業化するため、二〇〇八年に「幸福町・垣内町・中町まちづくり協議会」が組織された。協議会は、関係の自治会と商工会議所、商店街・テナントの代表、地元企業、門真市で構成され、事業計画の策定(二〇〇九年)と事業実施にあたっての連携・調整を図る役割も果たしてきた。

街づくり事業は始まったが、地元当事者の気持ちがばらばらでは継続は難しいという問題意識から、「タウンマネージャー育成勉強会」が開催され、商店街組合や自治会役員、自治体職員など延べ約一〇〇人が参加して問題意識を共有する努力がなされている。それと並行して、商店主へのアートによる街づくりへの評価や意見を把握する調査が実施され、市民一人ひとりの巻き込みにも配慮されてきた。

このような努力にもかかわらず、他方で現代アートそのものがなかなか高齢の市民や商店主に浸透しないことがあり、一過性の行事で終わって続かなかった取組みもあった。しかし街づくりの中では、アートは確実に定着してきている。新しくつくり変えた街の街角や壁面でアートの展示などがごく普通に行われているし、地区で建設予定の公共施設においてアートの取組みも企画されている。これらのいくつかは協議会が中心となって作られた街づくりのルールブックとして合意されていて、強制力はないものの現代アートでの取組みが地区の遺産として活かされていることが窺える。

新しい公共の取組みでは資金問題が課題であるが、エリアマネジメントを合わせて行う主体としてまちづくり会社が構想されていて、中学校の移転跡地やその周辺に建設が予定されている公共施設の指定管理者としての活動や、広場や街の行事を開催することなどが期待されている。

この取組みは、シャッターが目立つ商店街に元気をとり戻す目的で、市民や民間の担い手が行政と協働して取り組んだ公民協働の活動であり、地域活性化を目指す図2-1②の公共領域の補完に該当するが、まちづくり会社が実現し、業務範囲を拡大していくと③企業的手法を活用した民間領域での公共性の発揮の性格を持つ形態に拡張されていくことが期待される。

第3節　廃校舎を活用したアートセンター——3331 Arts Chiyoda

次に、アートを地域にしみこませる取組みとして、廃校舎を活用した東京都千代田区のアートセンター“3331 Arts Chiyoda”（3331）を取り上げたい。＊ 3331は千代田区立の旧練成中学校の廃校舎を活用して、第6章第3節で述べた「セントラルイースト東京」（CET）と連携しながら活動を展開している。電気の街・オタクの街として知られる秋葉原のすぐ北側、上野公園の南側に位置する立地で、二〇一〇年六月から廃校舎を丸ごと借り上げ、「アートを地域にしみこませる」を基本理念に取組みを行っており、改修校舎を活動の舞台に活用している。市民は、かつての教室に入居する芸術関係者の活動や作品を気軽に覗くことができ、また多くの教室を使って写真展やブックフェアなど多様な行事や展覧会が催されていて、訪れる市民で賑わっている。

廃校舎の活用は五年間の定期借家契約を千代田区と結んでいる合同会社が担っている。経営については、廃校舎の丸ごと活用や学校を拠点とした地域コミュニティへの視線、民間企業による経営など、世田谷ものづくり学校との類似性もみられる。しかし3331の経営者は、指定管理者制度はコストを抑える視点が強すぎると指摘しており、遊休化した公有財産の活用にあたって、本当の公共心と算盤を両立させることの重要性を強調する。廃校舎の改修は区と合同会社が分担して負担しているが、3331では、投資費用の回収と採算が十分に考慮され、逆算的に投資コストを管理している。そこに、公民連携における民間企業という新しい公共の担い手の存在価値の一つがある。

3331に隣接する練成公園は、玄関広場として機能する居心地のよい芝生空間である。その管理は千代田区が行っているが、3331と一体的な空間として機能しており、これも公民連携の好例である。

この取組みでは、公有財産を活用しながら、企業的手法を活用してアートセンターを運営しているが、アートによる街づくり、コミュニティ醸成という公共性は十分に意識されている。賃料収入をベースに企業的手法を活用しながら、コミュニティ醸成など図2-1②の公共領域の補完の役割を着実に果たしている取組みと評価される。

第4節　アートを介した街の安全性の向上——横浜市中区初黄地区

風俗の増殖

横浜市中区の黄金町・初音町地区(初黄地区)では、大都市に固有の課題を克服するため、アートを介して地域と警察の力を総合的に活用した取組みが展開されている。*

この地区は、京浜急行電鉄で横浜駅から二つ目の日ノ出町駅と隣の黄金町駅の間に位置している。都心に近くマンションや商店、飲食店、問屋などが立地する混在型の市街地である。高架の京急線に並行して大岡川が流れ、川沿い地区の延長は約五〇〇メートルに及ぶ。

高架下の空間は、営業免許では飲食店になっているが、実態は違法な風俗営業の場であった。これら風俗店が、高架基礎部の耐震工事によって高架下から閉め出され、隣接する沿線地区に転出した。個々の店舗には入口に小さい受付があり、店舗奥と二階・三階にごく小さい個室スペースがある。転出時には店舗仲介人の暗躍もあって、高収益の謳い文句で投資が誘導され、二〇〇四年の最盛期には二五〇を超える店舗が並んだ。各店舗では、店先に赤いテントのひさしを掲げて外国人を含む客待ちの女性が並び、昼間でも立ち入り難い空間に変化してしまった。

問題意識は地域住民から巻き起こった。黄金町と初音町の自治会が連携して立ち上がり、ＰＴＡの母親や女性区長、小学校長なども参加して、風俗店で分断されたコミュニティを再生し普通の街に戻す活動が開始された。二〇〇三年には、地域住民を中心に「初黄・日ノ出町環境浄化推進協議会」が設立され、街なかのパトロールや清掃活動などが始まった。浄化という語に、風俗店舗の根絶への強い意思が込められている。しかし風俗営業はその背後に反社会勢力が存在することがままあり、住民だけで立ち向かうことが困難で、活動の中心人物が恫喝される事件もあった。

警察力の投入と持続的な活動への足がかり

住民の強い意思を受け止めて警察の活動が開始されたのが二〇〇五年一月である。これは「バイバイ作戦」と呼ばれているが、神奈川県警による一斉立ち入り捜索や辻々への警官の配置が行われ、〇九年には交番も新設されて機動隊の待機場所とされた。このような警察力の集中的な投入は、知事と市長によっても強く支持されている。

しかし警察力だけで地区の持続的な安全の確保を図ることは困難であり、街づくりに向けて住民と行政の力が結集されていった。風俗営業に使われていた建物を市が所有者から借り上げ、運営は住民が行う仕組みで活動拠点が整備された。これが取組みの最初の段階であり、そこが地域の防犯と街づくりの拠点になった。これらの活動はマスコミを通じて積極的に情報発信されており、風俗営業の再開を狙う勢力に対して、住民の退かない意思を示している。

アートの導入

活動の特色として、芸術関係の取組みが活用されていることがある。具体的な取組みを三つの活動からみてみよう。

第一は、高架下でのスタジオ整備である。耐震補強が終了した高架下は、街づくりの有効な資源である。しかし放置しておくと風俗営業の再開の場になりかねない。そこでスタジオを整備して芸術関係の活動拠点とし、同時に風俗営業の再開を阻止することにした。スタジオ整備は高架下を所有する電鉄会社が行い、それを市が一括で借り上げて、運営はＮＰＯ法人に委託している。現在、四棟が整備され、区割りされた空間が小説家や日本画家のアトリエとしても利用されているが、更に整備が進められている。洒落た視聴室はコミュニティカフェになっていて、地区のシンボル的な空間である。

第二は、風俗店舗をそのまま使って芸術関係の空間に転換していることである。風俗店舗は買い取って壊す選択もあるが、膨大な資金が必要なため、限られた選択肢の中で借り上げて転用することが進められている。住民と市が連携して建物所有者との交渉を進め、借り上げは市が行う。借り上げの財源や交渉の負担を住民だけで担うのは難しく、行政との協働は不可欠である。粘り強い交渉により、二〇一一年四月時点で借り上げ数は七八に上る。そこでは、画家や手芸などの造形家のアトリエや展示販売所、洒落たカフェなどが展開されているが、建物の改修や入居者の選定などはＮＰＯ法人の役割である。

第三に、黄金町バザールと呼ばれる行事の実施である。第一回は、大岡川沿いの公園とかつての風俗店舗を舞台に二〇〇八年秋に開催された。バザールは、タイから招かれた切り絵師が切りぬく紙製果物が実物と並んで展示され技の伝授も行われるなど、さまざまな芸術関係者や芸人が参加して繰り広げられた。多くの市民が集い、かつての地区を知る人には驚きを、初めて訪れる人には芸術空間を感じさせた。バザールの運営経費の約一億円は、寄附金と市の拠出金で賄われた。

活動の組織化

地区再生のシンボルである高架下のスタジオをはじめ、地区全体を一つの目でみて、まとまりのある理念で維持していくことは簡単ではない。その役割を果たすために二〇〇九年に設立されたのが、「ＮＰＯ法人黄金町エリアマネジメントセンター」(黄金町センター)である。

黄金町センターの業務の柱は、スタジオと転用建物の管理運営である。理念に合致するテナントを厳選したり、転用建物を活用したカフェ空間などを自主展開するなど、一新された地区イメージを持続する努力が続けられていて、次第に地域社会の認知を得てきている。

センターの実務を担っているのは、福岡県出身のイベントプロデューサーと都市計画専門家であり、両者の協働により行われている。イベントプロデューサーは、二〇〇五年に開催された横浜トリエンナーレをきっかけに地縁を得た方で、知識と経験を有する外部の専門家の導入が、地域イメージの刷新に決定的な役割を演じている。

持続性に向けた課題

住民と警察が、交通安全でなく風俗営業の排除で協働するのは珍しいが、この地区では、住民と警察・行政・NPO法人などの多様な主体が登場し、取組みの各段階で入れ替わりながら役割を果たしてきた。

将来の課題として、活動原資の調達があげられる。センターの二〇一一年度の事業規模は一億円を超え、NPO法人の事業規模としては大きい。しかし歳入の大きな比重を占めるのは、市から無償貸与された転用建物やスタジオをテナントに転貸して得られる賃料収入である。このような行政支援が永続されるかどうかは不透明であり、転用建物やその他不動産の取得も検討課題である。

高架下の土地を保有するのは電鉄会社であるが、公共交通に関わる企業として地域開発に強い影響を与えており、一般的なCSRを超えて過去の事例にとらわれない先駆的な地域密着型の取組みが期待される。

違法な風俗営業の排除と地区の安全性の向上は本来は行政の役割であるが、住民主体の新しい公共の担い手が、行政と協働して活動している。テナントの運営など一部に企業的手法を活用しながら、図2-1②の公共領域の補完の機能を担っている事例である。

第５節　開放的で寛容な都市のコミュニティ

デザインや絵画、工芸などのアートに関係した分野の取組みは、全国各地で行われており、特に都市圏の現代美術とそれを核にした街づくりは盛んである。芸術関係者が、経済的な豊かさを地域に持ち込むことができるかどうかについては議論があるが、大都市圏内の個々の地域について、そこに異質なものを導入する効果は持っている。

米国について、都市が優れた専門家集団の吸引力を高めるには、多様な宗教やイデオロギー、更にはゲイの人達も抵抗なく受け入れる基盤が必要だという指摘がある。* この指摘に一般性があるかどうかについては更に厳密な論証が求められると思うが、都市には、もともと雑多な人が集まっていることで、匿名性や猥雑さ、いい加減さや締め付けのなさがあって、それらがこれらの分野に求められる開放性や寛容性と表裏一体の関係にあるのではないか。わが国でも、これまで述べてきたような都市圏のコミュニティが多様な人びとの受け皿になっており、そこを通して交流・連携の幅が広がり、都市の魅力と成長につながることが期待される。

芸術関係に限らず、大都市圏の街づくりで特異なのが、取組み内容や手法についてのカタカナ表示の多さであるが、それらの意味が曖昧なままに受け入れられるのは、都市の開放性と寛容性、そして幾ばくかのいかがわしさのなせる技だろう。都市のこのような魅力は、詰まる所それを魅力と感じる人にとっての魅力であるが、しかしその魅力は、公共の価値を持っており、それによって人びとの交わりが生まれ、所得が生み出されて相互に便益をもたらすという相乗効果を持つ可能性がある。

しかし専門性を持った多様な人びとの集積は、他方でそれが難しさになり、それらの人びとを互いにどう結び付けるかが鍵になる。芸術関係に限らず専門性の高い大都市の住民の中には、人との付き合いを嫌い孤独を好む人、へそ曲がりの人もいる。それらの多様性が交わる鍵は、上下の身分関係や命令系統ではなく、触媒となる人がいるかどうかである。都市の多様性から生まれる魅力は、こうした中間支援的な新しい公共の担い手によって増幅される。多様な人びとがうごめく大都市圏の街づくりでも、行政は中核として重要な役割を担うが、その中でも重要なことは触媒となる公共性と継続性・自立性を兼ね備えた人を見抜いて連れてくる力である。

第8章　都市圏における新しい公共の特徴と公民協働の課題

第1節　地域づくりにおける範囲の経済

都市の魅力は、人やさまざまな機能の集積にあるが、機能の集積は二つの効果を生む。一つは規模の利益（経済）であり、他は範囲の経済である。規模の利益の元々の意味は、生産量が多いほど生産単価が低下することを言う。これに対し範囲の経済は、異なった複数の財・サービスを別々に生産するよりも一緒に生産した方が、共通費用の節約や経営ノウハウの共有などにより単価が低下する効果を言う。

範囲の経済は、地域づくりでは、時に規模の利益に対峙する言葉として使われる。規模の利益が人口の集積などによる大都市圏の優位性を主張するのに対して、範囲の経済は、規模とは別に特色を持った人や地域が連携することによって、今までになかった取組みが可能になり、新しい価値が生まれることを指す。その意味で、範囲の経済は連携の経済とも言い換えられる。

都市における集積の経済はこの二つを内包しており、規模の利益と範囲の経済が一緒になって相乗効果を生む。これは都市化の経済とも呼ばれる。経済活動がある地域に集積すると、複数の企業が相互にメリットを及ぼし合い、更にメリットを求めて地域的集積が増す。ビジネス活動を行うためのサポート機能である金融、マーケティング、法務・会計などの専門性の高い多様なサービスにも日常的にアクセスできるようになる。

人びとが交流・連携することによって生まれる相乗効果は、特に世界から人が集まる世界的な研究拠点としての大学や研究機関などで典型的にみられるが、一つ一つの街づくりの取組みでも同じである。世田谷ものづくり学校や3331 Arts Chiyodaなどでは、芸術関係者やデザイナーが入居者として集まっており、彼らの相互の交流を促すためにさまざまな工夫が凝らされているが、そこでは交流によって連携が生まれ、範囲の経済が働くことが期待されている。

都市圏における新しい公共の取組みも、人びととの交流・連携がベースになっていることは地方圏と共通しているが、対象や手法に特徴があり、都市圏に特有の動きもみられるように思う。これらについて既に事例をみてきたが、ここでは都市圏における取組みの人材や資金についての特徴、新しい公共の礎となる地域の人間関係、公民協働、中心市街地問題について、地方圏と対比しつつ考えてみる。

第2節　新しい公共の人材

銀の卵

人材は、どのような取組みでも最も重要だが、大都市圏では、人の多さもさることながら、企業や行政などで経験を積んだ人材が豊富なこと、地方都市に比べて大学教員や実働部隊として学生を活用できる機会が多いことなどがある。

これまでの事例でみたように、都市圏では専門性の高い人材が新しい公共の組織の中にいて、活動に大きな役割を果たしている。特に団塊の世代の地域回帰が、都市社会に与える影響は大きい。団塊の世代は一九四七年から四九年に生まれた約八〇〇万人の世代を指すが、人口が前後の各年より約二割多く、その動向が社会経済に大きな影響を与えてきた。それらの世代が二〇〇七年以後、六〇歳の定年年齢を迎えている。

かつては都市で働いて定年を迎えると、出身地に帰って家屋敷を継ぎ、田畑・山林の世話や、地域社会の面倒をみる人も多かったが、現在では都市圏にとどまる人が大半だろう。団塊の世代の引退で企業内の技術やノウハウの継承が懸念されているが、他方で、意欲や経験が別の形で社会に還元される期待がある。新しい公共の活動には、さまざまなノウハウや知識が必要である。ソーシャルビジネスでも企業を経営するには、会計や法務、広告、マーケティングなどの知識が求められるが、団塊の世代には経験や知識を持ち体力もある住民としての期待がある。

一般に新しい公共の取組みでは、地域の内部人材と外部人材の双方の役割が重要である。大都市圏では、地域活動に新しく参加する団塊の世代は、そこに長く住んでいたとはいえ地域との付き合いは浅く一種の外部人材である。それらの人びとが地域にノウハウや人脈を持ち込む能力を、柏の葉プロジェクトやシニアＳＯＨＯなどの事例でみてきた。さまざまな分野の専門家として、また地域住民として活躍する姿は、他地域から導入される外部人材とは異なる役割を果たしている。高度成長期の金の卵になぞらえ、期待と敬意を込めて、「銀の卵」と呼ぶに相応しい。

都市圏の中間支援組織

新しい公共の活動を支援する機関として存在感を増しているのが、中間支援組織である。中間支援組織は、公設公営や公設民営、民設民営など多様であり、それらに加えて信用金庫などの地域金融機関や大学、商工会・商工会議所などの経済団体の中間支援組織としての活動も注目される。

これらの中でも都市圏を中心に活躍が目立ってきたのが、ソーシャルビジネスとしての民設民営の中間支援組織である。これらの中間支援組織は、市民活動に人材や運営のノウハウなどを提供しているのみならず、企業のCSR活動にも、特に環境貢献や地域づくりなどで支援を行っている。新しい公共の悩みは若い人材の確保であるが、都市圏の中間支援組織の中には、それらのリクルートに成功している例も少なくない。

中間支援組織は、地方圏では運営・経営のノウハウ、役所との仲介など総合的な支援を求められることが多いが、都市圏の中間支援組織では、特定分野に特化しているものも現れてきた。金融に特化したサービスを提供する組織や市民団体が事業を立ち上げる時の経営のノウハウを提供する組織、人材派遣を行う組織などである。このことは、新しい公共の各組織で専門家が求められていることと密接に関係している。

大学への期待

現在、都市圏でも地方圏でも、大学や大学院を出た若者が新しい公共の活動に取り組んでいる。彼らは報酬は低くても活動に生き甲斐を感じているが、悩みは将来のキャリアパスとしての道筋が見えないことである。そのことを思うと夜も眠れないと感想を述べる者もいる。

大学で総合政策や地域政策の名を冠した学部や大学院が増えている。キャリアパスの軸は、それらの大学・大学院の教育課程が充実して活動に取り組みながら博士の学位が取れ、各地の大学や経済団体、中間支援組織などで職を得られるようになることである。そうなれば大学教員や卒業生だけでなく、研究室の学生も新しい公共を担う人材になる。ソーシャルビジネスや一般のＮＰＯ法人でのインターンシップに参加した学生は、仕事について民間企業での通常のインターンシップとは異なった感想を持ち、共感を覚えるようで教育効果も大きい。

中間支援組織としての大学自体にも大きな期待が寄せられる。長く日本の大学は地域社会と疎遠だったが、最近では地域社会への貢献が大学の基本的な役割と考えられるようになっており、大学教員や学生が街に出て、市民活動をリードするケースも多くなった。工学や医学に代表される産学連携は、このような地域社会との提携の先駆けである。当初は個々の教員が専門分野を同じにする企業と個別に提携していたが、最近では大学が企業や地方自治体、政府関係機関と包括協定を結び、多様な分野について共同で地域問題に取り組む事例が出てきている。大学は国公私を問わず教育研究機関としてともと公的存在であるが、新しい公共としての大学の多面的な活動は、地域やわが国に大きな影響を与えうる。

大学は多様な人間の集まりであり、その基盤はＮＰＯ法人などの非営利団体と比べて強く、大学の新しい公共としての隠れた可能性を引き出すことは地域やわが国にとって大事なことである。それは大学にとっても有用であり、公共的存在として大学に何が期待され、それにどう応えるか、公共としての大学はどうあるべきかを実践の中で考えていくことが必要である。

第3節　資金調達の特徴

出揃ったメニュー

安定した資金調達は企業力を活用した新しい公共の要である。ボランティア的な新しい公共でも資金は関心事だが、行政から一時的な補助金でも得られると事業は実施できる。しかしビジネスとしてサービスを提供するとなると、資金が安定しなければ、事業の継続は難しく社会から信頼されない。

新しい公共への資金源としては、地方銀行や信用金庫などが実施している地域密着型金融、ＮＰＯバンク・市民ファンドによる出資・融資、寄附、補助金など多様である。納付した市民税の一％を自分の指定する市民活動団体のための支出に指定できる千葉県市川市の一％条例なども実施されている。わが国でも資金メニューは出揃ってきたが、まだいずれも萌芽の段階で、内容の充実はこれからである。

地域密着型金融（リレーションシップ・バンキング）は、「地域の貯蓄は地域に投資する」という趣旨で始まり中小企業金融では活用されているが、新しい公共の取組みが対象になることは大都市圏でもまだ多いとは言えない。

ＮＰＯバンクは九〇年代半ばから各地で設立され始め、環境や地域づくりなどへの融資が始まっているが、有力な資金提供源にはなっていない。東日本大震災を契機に、被災地域の中小企業や復興への資金提供の希望は多く寄せられていると聞く。これらの志ある資金は、寄附や出資であり、出資には、普通の市民が自らリスクをとって公共に貢献したいと思う気持ちが込められているが、それらを受け入れて必要な所に融資する制度や組織がまだ不十分である。時間はかかっても政府が主導し、出資への税控除なども取り入れ積極的に育成する必要がある。

二〇一一年度から政府拠出による基金が都道府県に設置され、新しい公共に資金提供されることになった。基金には信用ある種銭が必要だが、これが種子となって更に成長することが期待される。新しい公共の中でも福祉関係のＮＰＯ法人は、広く問題意識が共有されていて目的が絞られていること、実績があることなどがあり行政補助の対象となりやすい。しかし地域づくりの新しい公共は、直面する課題が地域でまちまちで取組み主体も多様である。加えて多くが組織として新しく脆弱で持続性に課題を抱えていることもあって、福祉関係の取組みに比べて行政補助の対象として選定されにくいケースがある。

大都市圏に特徴的な金融

このような環境の中で大都市圏では、地方圏より事業性を確保しやすいため、金融面でいくつかの先進的な事例がみられる。前述の世田谷ものづくり学校やちよだプラットフォームスクウェアは、日本政策投資銀行や商工中金から融資を受けたが、既に完済している。

政策金融機関による新しい公共への融資の全体像は摑みにくいが、その中で日本政策金融公庫によるNPO法人向けの融資は着実に増えている。都市圏と地方圏のシェアは明らかではないが、二〇〇六年度に一九〇件、一二億四一〇〇万円だった融資残高が、一一年度には五三二件、三八億八〇〇万円へと五年の間に金額で約三倍に増加した。

労働金庫は、地域性の強い相互扶助の金融機関であり、企業融資や事業の立ち上げ資金の提供は行っていないが、NPO法人など新しい公共への有力な資金源である。NPO法人への融資実績は、二〇〇一年度以前の累積で二億円を下回っていたが、その後、NPO事業サポートローン制度が創設されて着実に増加しており、二〇〇九年度末の融資累計は短期の運転資金や設備資金を合わせて五二八件、三四億七三〇〇万円にまで成長している。

労働金庫では、融資以外の支援も行われている。主婦が中心となってソーシャルビジネスを立ち上げる場合、経営ノウハウに乏しい場合が多い。これらの可能性のある事業について経営アドバイスをしたりしているが、その他に、預金者の指定する金額を預金口座から定期的にNPO法人への寄附に振替えるサービスや、定期預金の利息の一定割合をＮＰＯ法人への寄附に充当するサービスなどを行っており、新しい公共の成長に寄与することが期待される。

地域の資金循環を支える信用金庫

信用金庫は、地域資金を地域に還元する役割を担う非営利組織である。労働金庫と異なり、会員出資の協同組織で、地域の中小企業融資や小口融資を得意としている。地域性が強く、営業地域は一定の地理的範囲に制限されていて、多くの地方銀行が他地域に進出する中で、資金の地域循環を支える重要な存在である。

信用金庫でも、これまで一般に新しい公共への融資は低調だったが、コミュニティビジネスへの融資を積極的に行う所も出てきた。西武信用金庫は、東京都中野区に本店を置き、東京都西部地区中心に六四店舗を展開している。二〇〇三年から、コミュニティビジネス専用の西武コミュニティローンが開始され、ＮＰＯ法人や社会貢献度の高い事業に融資していて、政府補助金が支給されるまでのつなぎ融資や設備資金、活動資金などに二〇〇件ほどの実績を積み重ねている。

融資以外のコミュニティビジネスの支援サービスにも積極的で、次のような事業が実施されている。

（１）コミュニティオフィス事業　二〇〇五年から、支店のフロアを間仕切りしＮＰＯ法人などにオフィス空間を提供しており、地元ＮＰＯ法人が入居受付窓口になるなど、運営もＮＰＯ法人と連携して行われている。

（2）事業支援セミナーや入居者の情報交流会　NPO法人への場所の提供にとどまらず、交流会なども実施されていて、産業インキュベータの面も備えている。

（3）支援基金の設置　eco定期預金は二〇〇八年から開始されているが、これは定期預金の初回満期時の受取利息の二〇％を基金への拠出金にするもので、それと同額を信用金庫が拠出している。基金は、地域で環境活動を展開するNPO法人などへの助成に活用されていて、二〇一一年九月までに三七件の助成が行われているが、これは金融機関によるマッチングギフトと解釈できる。

（4）NPO法人との人事交流　ソーシャルビジネスのNPO法人と人事交流を行っており、事業の立ち上げや経営の円滑化などを人材面から支援している。

新しい公共への資金提供については、NPOバンクが市民活動の中から育つことが望ましいのだろうが、ここで述べたように、労働金庫や信用金庫は都市圏の新しい公共の有力な資金源になりつつある。一般の銀行が融資対象として関心を示すまでにはなっていないが、将来、都市銀行などのメガバンクが、CSR活動の一環として取り組むようになれば可能性は一気に拡がると思う。

第4節　都市圏の社会関係資本の強さと弱さ

社会の基盤としての社会関係資本

地域コミュニティの活動は、ひとえにそれに関係する人にかかっている。活動を支える人材は、地域の元からの人もいれば、関心を持ったよそ者や学生等々多様である。これらの人びとが互いに信頼関係を持って役割分担しながら活動している時、地域に「社会関係資本」(ソーシャルキャピタル)があると言われる。

「社会資本」が道路や空港・港湾などのハードのインフラを指すのに対し、社会関係資本は、人と人との繋がりなど社会を支えるソフトの基盤を指しており、新しい公共の活動には、地域社会の社会関係資本のあり様が影響を与える。

社会関係資本が社会において持っている意義は、

（１）個人間の繋がり(交流・連携)、

（２）それによる相互の信頼(社会的信頼性)、

（３）互助の価値観(社会参加)、

の三つに整理される。* これらが、第２章で述べた市場経済と行政を支える社会基盤となる。三つの要件にあるように、地域社会で、人びとが交流・連携し、信頼関係が生まれ、相互にその意義が感じられるようになれば協働が促進されることは理解しやすい。ボランティア活動が活発な地域では地域ネットワークが強化され近隣住民への関心が増す。これは社会関係資本の強化を意味し、その結果、住民の高齢者見守りサービスが充実したり、犯罪が減少するなどの効果が生まれる。

わが国の社会関係資本の状況については、二〇〇二年度の内閣府委託調査「ソーシャル・キャピタル――豊かな人間関係と市民活動の好循環を求めて」が参考になる。この調査では「近隣との付き合いや交流」、「近所や友人などとの相互扶助」、「地域活動への参加」など一二項目を指標にアンケートを実施しており、都道府県ごとに指数化して「ソーシャル・キャピタル指数」として表示している。それによると島根県や鳥取県、宮崎県、山梨県、長野県、岐阜県などで指数が高く、東京都、大阪府、愛知県、神奈川県など大都市圏で指数が低い傾向がある。また指数が高いと失業率が低いとか、出生率が高い、平均余命が長い、刑法犯罪が少ないなどの相関傾向がみられることも示唆されており、常識感覚と合致する。

都市圏の多様さが作る社会関係資本――名古屋市堀川

都市圏の住民の匿名性は社会関係資本の弱さでもあるが、一方で多様な人びとの集積は、それを超越した社会の力になる。その事例として、都市河川の浄化の取組みの事例をみてみよう。

人びとは、古来から水の近くに住んできており、都市は河川や湖沼を中心に発展した。しかし都市化とともに水質は低下し、特に高度成長期に酷くなった。家庭や工場の雑排水の河川への垂れ流しで大都市圏では魚の住めない川が普通になったし、海岸線では風光明媚で知られる静岡県の田子の浦が製紙工場や家庭からの排水で泡立っていた。こうした状況に対し、高度成長期から改善の問題意識は出てきていて取組みが始まってはいたが、市民の役割は、当初は家庭ゴミを河川や海に投棄しないなど受動的だった。しかし次第に変容し、現在では全国で市民やＮＰＯ法人、行政などが協働して河川・湖沼、海岸の浄化活動を展開している。

名古屋市は、木曽川・長良川・揖斐川の木曽三川の河口近くに形成された都市だが、河川は現在の市域の西の郊外にあって、都心部に川は流れていない。江戸時代のはじめ名古屋市域が幕藩体制の西の拠点として整備されることになり、市の中心部を南北に貫く堀川が掘削されて名古屋城の築城に活用された。その後、明治期まで物流の動脈機能を果たしてきたが、高度成長期にはどぶ川になって、魚影は見えず、市民も寄りつかなくなった。しかし八〇年代頃から再生に関心が出始め、現在では中下流域のボラをはじめ、上流では鮎も生息するようになり、市中心部では堀川周辺の一部が、新しい市民の憩いの場になっている。

堀川への市民の関心は、川の浄化が進むにつれ年を追うように高まったが、現在では、市民団体や大学、企業等々が勝手に参加し、推定で数千人が取り組んでいる。「堀川一〇〇〇人調査隊」は、川の汚れや魚などの生息状況を時々刻々と記録し情報発信している。大学は浄化のためのロボット開発や酸素を水中に送り込む設備の試験を繰り返している。この他にも、市民が集まる空間としての川辺を整備する取組みや、街の景色として定着させる取組み、堀川を使った行事、木曽川上流地域との交流など多種多様であるが、これらは組織だった活動というより、個々の市民の気持ちで動いている。

現在の浄化の鍵は、閉鎖水域である堀川に木曽川の水を恒常的に導水できるかどうかであるが、江戸時代からの水利権があって簡単ではない。導水についてはさまざまな試みが実施されてきた。地下鉄工事で出る大量の湧水を利用したり、木曽川の水を浄化の調査目的で浄水場を通して試験的に堀川に流したりである。河川からの導水については、河川管理者としての行政の意向が大きい。水利権の問題もあるが、河川事業の主旨に環境導水がなく、理解はしても恒常的に実施するとなると難しい状況が続いている。

これまで市民は、それぞれが自分の関心で取り組み、情報をブログなどで発信してきたが、それらをとりまとめる組織があった方がよいという気運が出てきた。そこで二〇〇九年に地元の大学教員が世話人になり、「堀川連合協議会」が発足した。この取組みは産官学民が協働で情報の収集・発信、意見交換を行い、堀川の水質改善と川沿いの街づくりを目指している。

第5節　依然として弱い公民協働の基盤

街づくり事業の外部経済効果

新しい公共と行政の関係は事例ごとに異なっている。行政と役割分担しながら協働している場合もあれば、距離をおいた取組みもある。

世田谷まちづくり学校やちよだプラットフォームスクウェアは、行政財産を活用しているが、行政とはビジネスとして賃貸借契約を結んでいるだけであり、経常的な資金支援や業務委託は受けていない。しかし中核的事業は起業支援など公共性が高く、活動を通じて地域コミュニティを醸成しており、行政が求める以上の公共的役割を果たしている。横浜市・寿町の事例でも、行政から格段の支援は受けていないが、行政にできない街づくりの役割を担っている。

　他方、横浜市・初黄地区の取組みは、行政と緊密な協働関係を持ちつつ事業を行っている事例である。ＮＰＯ法人による芸術関係活動を通じた安全な街の回復の取組みであるが、市から補助金が交付されており、警察も恒常的に協力している。また八王子市・長池でのＮＰＯ法人の活動は公園管理が事業の中核であり、企業的手法を取り入れつつも、事業資金は指定管理者として大半が行政から提供されている。本書で取り上げた事例にみられるように、一般に行政からの独立性が強い事業では株式会社形態を、行政との協働関係が強い事業ではＮＰＯ法人形態を採用する傾向がある。

　株式会社形態にしてもＮＰＯ法人形態にしても、新しい公共では収入確保は事業継続の最低条件であるが、収益が上がると、施設を賃貸している行政には賃貸料を上げる誘因が働く。しかし収益を上げても行政に吸収されるだけで事業に活用できないとなると事業者の企業力は減殺されるし、管理業務を効率化しても委託費の削減につながるだけなら、事業の効率化は期待できない。行政は公有施設の貸与や指定管理者への委託で、期待した業務成果だけでなく、地域コミュニティの醸成など業務外の外部経済効果があることを考慮しなければならない。新しい公共の街づくり活動では、社会にもたらす効果を適正に評価する視点が大事である。

　行政との協働には、それが地域での信用になって、住民の参加が促される効果がある。しかし行政とは常に一定の距離を保つことが求められる。行政の立場に立つと、予算を計上したりして事業に関われば、先例や内部規則を持ち出して口を挟みたくなりがちであるが、取り組む市民や民間企業にとってはそれが足枷《あしかせ》に感じられたりする。

行政との協働関係が強く、経常的に行政の資金支援を受けている取組みでは持続性が問題になる。本書の事例に限らず、街の治安など公共性の高い取組みでも、特定の取組みに多額の資金支援を続けることに対して住民や行政・議会の理解を保ち続けるのは容易ではない。これらの取組みでは、財政への依存度を弱めつつ、資金的に自立していくことが必要となる。

地方自治体によっては、ＮＰＯ法人の精神は社会奉仕であり、安価に行政の手伝いをしてくれるという誤った理解がみられる。ＮＰＯ法人での報酬は恵まれてはおらず、人材確保の難しさなど活動の持続性が懸念されるので、退職高齢者や子育てを終えた主婦の参加などの工夫が必要になる。

柏の葉プロジェクトや丸の内地区の事例は、人材やノウハウ、資金力を持つ企業なくしては考えられず、大都市圏に特有のものだろう。これらの取組みで行政の想定以上の成果を上げて公共空間の質の向上を実現させるには、強い企業力と行政との協働が不可欠である。

協働の要件

市民と企業、行政の連携した街づくりは、その意義を今さら問うのが憚られるほど当然のことになっている。それをここで改めて問うのは、それらが協働して機能する仕組みをどう作るかが、今、問われていることにある。

その背景として、第一に、市民と行政の協働には双方の意識改革が必要なことがある。市民と行政が対等のパートナーとして行動するといっても、両者の立場は組織の強さや関心で異なっている。市民の側には、問題が持ち上がると行政に持ち込み解決を迫る悪弊があるし、行政の側にはお上意識が残っている。それが顔を出して、市民団体を行政の便利なように使おうと束ねたりすると、活動自体が機能しなくなる恐れがある。

　第二に、市民組織が脆弱なことがある。活動は多様で活発であるが、人材・資金・施設などの基盤は一般に脆弱である。そのため行政は、対等のパートナーとして事業をするほどには新しい公共を信用しておらず、長期に亘り協働することに不安を覚えるのが本音だろう。欧米では、地域の教会や宗教を背景に持った活動が多く組織が強固であるが、わが国では基盤は弱い。

　第三に、規制や制度の壁である。都市圏で都市・街づくりを担う企業の側においては規制が障害になっていたり、複雑な制度が市民活動の妨げになっている。規制については一部地域に対し例外的に特別措置をとる特区制度を使って民間能力の活用が行われている。全国的な規制緩和は簡単には進まないことも多く、新しい制度の試行という面からも意味があるのではないか。

　第四に、企業とＮＰＯ法人の協働では、ＮＰＯ法人の主体としてのあり方が大事である。この領域は今後の成長が期待され、後押しする中間支援組織も多い。しかしＮＰＯ法人などの市民団体と企業の協働では、両者が「対等のパートナー」であることのさじ加減の難しさがある。ＮＰＯ法人には取組みを主導することへのこだわりが求められる。医療器具メーカーがＮＰＯ法人の意見を聞きながら子供用医療器具の開発などを行う場合にはメーカーが前面に出やすいが、このような場合でも対等の意識は大事だろう。他方、企業の参加が協賛程度で共に汗をかくことがない場合には協働の姿は見えてこない。ＮＰＯ法人と社会福祉協議会のような非営利団体相互の協働では、どちらが主導するかで気持ちに行き違いの出ることがあるが、企業との協働では、企業としての期待や思惑をどこまで容認できるかが課題である。

行政の壁

民間が行政と協働で事業を実施する時、行政に対して民間から戸惑いの声が聞かれることがある。第一は、仕事のスピードの問題である。行政では、速さよりも仕事の公平性や予算の使い方の確認の方が重視される。大抵のことは先を急ぐとろくなことにはならないが、民間ではチャンスをうまく捕まえることと同時に、金利を支払っているケースでは時間が命取りになりかねないし、政府や地方自治体の助成金も、時間がかかりすぎて交付のタイミングが外れれば効果は薄い。

第二に、自治体職員の事前の知識の問題がある。街づくりでは行政との協働は不可欠であるが、事前の知識が十分でない職員に出会うと、なぜ街を変えなければならないかについて理解を得るところから始めなければならないし、一定の理解が得られても、実行に余分な手間と時間がかかったりする。

第三は、事業への役所の干渉の問題である。話が進んで補助金が支給される段階になると、今度は役所が内容の一つ一つにまで口を挟んでくるし、従来とは違った、尖った突き抜けた提案をすると役所に嫌がられる。役所は、担当課の業務の十分に内側にある提案でなければ動いてくれない。地域の有力者も同じであり、そこで街づくりが行き詰まってしまう。

第四に、職員が十分な人材ネットワークを持っているかどうかである。中山間地の地域づくりを担っているのは誠実で几帳面な地域思いの人達であるが、街づくりでは少し変わった人達も重要に思う。全国各地で芸術関係を看板に街づくりが展開されているのは、その分野には少し変わった人達がいて、街を変える力になる期待があるからだろう。行政の中にいると、その大事さは分かっていても、そのような人達に会う機会は少ないだろうし、見抜く力を養う機会も限られる。同様に、街づくり事業ではプロデューサーの役割を担う人を見つけなければならないが、そのようなネットワークを持っているかどうかもある。公立小中学校の空き校舎の活用などでも、入居者が行政補助金を山分けして使ったのでは事業は続かないし、自立する力がない人に補助金を出しても無駄である。

街づくりでは、全体としてのビジョンを描き、各分野の意見を踏まえながら、部分ごとに戦略性を持たせて三年後、五年後の状況と目標についてのプログラムを作ることが必要で、行政にはそのコーディネート役が求められる。

放課後の児童保育の事例

市民・企業・行政の協働は全国各地でさまざまな取組みに結実しているが、そこには三者の協働の難しさも現れている。名古屋市の放課後保育の具体例をみてみよう。

女性の活躍が起業や職場の多様な分野で目立ってきており、女性の潜在能力が、少子高齢社会における新しい資源として注目されている。都市圏における子育て支援は、活動も活発で多様化しているが、女性が働く環境の整備は依然として不十分であり、特に大都市圏では民間による整備と運営が期待されている。

高度成長期の半ば頃までに幼少期を送った世代では、地域全体の中で育てられたと感じる人が少なくないのではないか。都市圏でも、自宅周辺の路地や公園で近所の子供が一緒に遊び、日暮れになると遊び疲れて自宅に帰った。しかしこうした日常は今では例外的になっている。それに代わって地域の団体やＮＰＯ法人が、子育て支援で活動する姿がみられるようになった。年齢の枠を超えた集団の遊びや伝統的な歌・物語の読み聞かせ、外国人子弟の教育など内容も多彩である。

子育て支援の活動は、民間と行政の協働で取り組まれていることが多い。名古屋市の「トワイライトスクール」では、放課後の児童を公立小学校の空き教室を活用して夕方まで預かり、学年の異なる児童が一緒に遊んだり、宿題をしたり、さまざまな体験活動をしたり、あるいは地域の人びとと交流することなどが行われている。一九九七年度から実施されていて、一定の評価を得ているが、他方で公民協働の難しさも内包している。

その第一は、民間に子育てを任せることへの親の不満である。行政は子供のために事業を行うが、民間は利益が目的で、子供のことが置き去りになるといった認識である。この事業は、市が全額出資する財団法人と随意契約を結び実施されてきたが、二〇一一年度から外郭団体改革の一環として、運営主体を公募することになった。それによって民間事業者が担う可能性が出てきたが、これについてまず市民の間から抵抗感が示された。選考の結果でも同事業団が受託し、事業団職員として公立学校教員ＯＢらが各校に派遣され、指導にあたっている。

このような世論は名古屋市に限ったことではない。保育所の設置でも、従来は社会福祉法人に限定されていたが、二〇〇〇年に国の規制が撤廃され現在では株式会社が設置できる。しかし多くの地方自治体では、財団法人などの非営利法人による設置は認めているが、株式会社は認めていない。

第二は、行政に残る上述のお上意識である。大都市圏でも、行政には民間と対等の立場でパートナーとして事業を行うことに抵抗感がある。上述の選定委員会の委員には教育委員会幹部や公立小学校長が含まれ、「選定そのものが、教員ＯＢが天下る事業団に有利な仕組みになっている」という批判はあったが、それを許容する体質がある。

第三に、事業に協力する一般市民の間の意識の問題である。事業には、ボランティアや自治会などの協力が必要だが、協力者の間には民間企業の金儲けのために協力するつもりはないという意識がある。

こうした意識は、民間が主体となって公共ホールや公共図書館などの社会資本を整備・運営するＰＦＩ事業でも、同じように出会うことがある。ＰＦＩ法が一九九九年にできてから一〇年以上が経過した。政府は積極的に推進しているが、地方自治体では、導入して成功した所は次々と実行し、踏み切れない所はいつまでも踏み切れないでいる。実施した地方自治体でも、内部ではＰＦＩを導入することへの抵抗感が少なからずある。ＰＦＩ事業では、会計方式や入札方法が従来の役所仕事と違っていて、それに慣れないことへの抵抗感があるし、議会の側では、役所が地元業者を指名できないため地元経済に寄与しないとして、ＰＦＩの採用を渋ることがある。しかし公民協働で最も大きい課題の一つは、上述のように民間と対等な立場で事業を実施することへの役所の抵抗感である。役所にとっては、民間は仕事を発注する出入り業者であり、パートナーとして民間の知恵で仕事をすることに違和感を持つ者は少なくない。そのため実施した事業で少しでも課題が発生すると、民間であることが理由にされ当該地方自治体内部でＰＦＩを忌避する理由になったりする。事業が広まるにつれて次第に理解されるようになってはいるが、導入には首長の強いリーダーシップがまだ必要である。

第６節　中心市街地の空洞化に立ち向かう新しい公共

大型店舗と公的施設が犯人か

中心市街地の空洞化は地方都市で深刻だが、大都市圏の都市でも同じように起こっており、全国の都市圏が共通して直面する課題である。地方圏の都市では郊外のショッピングモールなどに客を直接とられるケースが随所でみられるが、大都市の中心部や郊外の主要都市でも、商店や料理屋などの自営業で後継ぎが確保できず、空き店舗や空きビルが増えて次第に街が寂れていく地域は珍しくない。しかし第６章で取り上げたセントラルイースト東京や第７章の大阪府門真市の例などにみられるように、全国の都市圏で地域の衰退を成り行き任せにするのではなく、市民団体や大学、経済団体などを中心とした新しい公共が、空きビル・空き店舗などを活用して街の再生に乗り出す取組みも盛んになってきている。

戦後の一九五〇年代から七〇年代にかけての都市整備は、都市の魅力向上というより、人口の都市集中に対応するため、計画性のない市街地の拡大抑制に腐心しながら道路や上下水道をはじめとするインフラの整備や住宅建設に力を注いだ時期である。この時期には、都市政策といっても、実態を後追いすることに懸命で、形成された市街地はどこに行っても同じという指摘が行われた。駅前商店街も金太郎飴のように似たり寄ったりで、都市が無個性になっていくまま放置された。これは都市の魅力への感受性が不十分だったことよりも、住宅の大量供給とインフラ整備に迫られ、それに精一杯だった結果と言える。

六〇年代半ばからクルマ社会化が始まると、それが都市の形に大きな影響を与え始めた。日常的な買回り品についても、車で郊外の大規模商業施設に出かけ、一度に大量の商品を買い込む行動が定着した。その結果、鉄道駅を中心に形成された中心市街地と郊外の大型店舗が顧客をめぐって正面からぶつかり合い、駅前商店街は徐々に劣勢に立たされた。この間、大型店舗の立地を規制するいわゆる大店法などの措置も講じられたが、九〇年代以後、規制緩和の大きな潮流の中で規制が緩められてきた。アメリカなど海外からの大型店舗の参入要請を背景に、二〇〇〇年に旧大店法が廃止されたことなどもあって中心市街地の疲弊に拍車がかかった。旧商店街のアーケード設置の補助などの施策は講じられたが、空き店舗の増加が顕著になり、地方都市では街の顔が失われることが懸念されつつシャッター街の呼称が普通のこととなっていった。

中心市街地の疲弊の主犯は大型店舗だけではなく、県庁や市役所、公的病院、図書館等々の市民が利用する公的施設も同様である。中心市街地の駐車場不足や用地難、地価問題などを避けるため、建て替え時や新築時に郊外が選ばれた。そのため二〇〇六年に土地利用規制の基本法である都市計画法が改正され、大型店舗はもちろんのこと、官公庁施設や病院などの郊外への立地規制が強化された。しかし既に多くの地方都市では人が集まる諸施設が四方八方に分散した後であり、中心部だけでなくそれぞれが立地する場所も閑散とし、歩いて暮らせる街ではなくなってしまっていた。

中心市街地で何を守るか

アメリカの都市で、七〇年代から八〇年代にかけて中心市街地の荒廃が目に余るようになったことがある。中心部の治安が悪化し公園や高架下などは麻薬の取引場になったりしていたが、その結果、中間所得層は郊外に逃げ出し、税収も減って環境は更に悪化した。その背景には自動車交通が一般化していることに加えて、移民や少数民族の極度の貧困問題があった。

わが国では中心市街地問題は荒廃というよりも衰退だろう。その過程で、既存の商店街や中小の店舗を守る政策が実施されなかったわけではないが、空き店舗はいったん貸せば戻ってこないし、固定資産税などの保有負担が軽いため活用の動機が働きにくい。しかしアメリカと違い、空き店舗になったりシャッターが閉まって街が衰退しても、そのことが商店街の貧困問題に結び付いているわけではなく、治安が悪化するわけでもない。

わが国の中心市街地の議論は、商業との関係から論じられることが多かった。市街地は多様な機能で構成されている。小売機能以外にも、娯楽・業務・居住・福祉・医療・文化教育機能等々があり、それらを支える道路や下水道などの公共施設、交通機能や交通の結節機能も重要な機能であるが、都市の中心部ではよく整備されている。商業という旧来の形にこだわらず、これらを活かして人が集まりたい空間にすることを考えるべきだろう。担い手は、これまでみてきたような都市で活動する新しい公共である。中心市街地はコミュニティビジネスが成立しやすい立地であり、新しい公共が得意とする子育て支援や高齢者による高齢者のためのＩＴ教育等々の取組みがコミュニティビジネスとして行われれば、中心市街地の賑わいの一助になるだろう。また、前述のような新しい公共によるエリアマネジメントの取組みが、中心市街地の賑わいの維持に効果を発揮することも期待される。「荒廃する日本」が都市圏で起こらないようにする基盤はあると思う。

憩いの場としての中心市街地

欧米では、中心市街地に老若男女が集い、ショッピングやカフェでの飲食を楽しんでいるし、自動車が排除された広場に集まること自体に楽しみを見出している。中心市街地には、シンボル的な広場や教会、ホールなどが存在していることも多く、快適な空間として維持されている。

中心市街地の疲弊に歯止めがかからなかったのは、住民にとって守るほどの街がないからだという厳しい意見はあるが、原因は日本人自身の生活様式の中に中心市街地が明確な位置を占めていなかったことにもあるのではないか。コミュニティ空間としての中心市街地は、住民が生き生きと歩き回る空間として高齢社会で新たな位置づけを得る可能性を持っている。コミュニティの核となる中心市街地には、前章までにみたように多様な担い手が多様な機能を持ち込むようになってきている。しばらく前から、都心居住が大都市圏のライフスタイルとなってきた。中心部に人が集まり住むようになると、新しい公共の取組みにも弾みが出てきて、中心市街地にこれまでとは違った面白味が出るのではなかろうか。

中心市街地疲弊の責任を外的要因だけに求めるのは一方的だろう。地域によっては、名古屋市・大須商店街のように商店主が共同でエリア一体をショッピングモール化し、新しい公共と協働でごっちゃ煮の面白さを演出して多様な人びとを引きつけている事例がある。中心市街地の商店主が、後継ぎ問題などがあったとはいえ、店舗構成や品揃え、閉店時刻などで消費者から支持を失い、多様化・高度化する消費需要に対応し損なったことが底辺に横たわっている。商業以外の魅力があれば中心市街地の展開も異なっていたのではという点も含め、考えるところが多い。

期待される景観法の実行

商業機能の面から中心市街地の疲弊が問題になってきた他方で、大都市圏でも地方圏でも、都市景観への関心は高まってきた。江戸時代の城下町では、武家屋敷街や町人街など用途別の土地の区割り、高さや建築様式などの統一感、整然とした建物の配列があった。これらの町並みは今でも部分的に残ってはいるが、都市圏への人口集中に後追い的に対応してきた街づくりが、かつての誇るべき都市景観を失わせてしまった。各地の銀座を名乗る駅前の画一的な中心市街地、郊外に向かう道路沿いのチェーン店のレストラン店舗、林立する広告看板や歩道柵に結び付けられた広告旗などは全国共通で、都市の個性はどんどん失われていった。

その反省から、二〇〇四年に景観法が制定され、地域ごとの景観政策の展開を後押しすることになった。街の景観は公共性や外部性が大きく、都市の質を高める。景観法は、価値ある建造物の保全や、個人の建物か法人の建築物かを問わず、建築物のデザインや色などに配慮して景観を創り出そうとしている。その手法として、市民などによる協定制度を盛り込んでおり、市民による街づくりについての取り決めを後押ししている。都市を地域固有の文化から見つめ直すことを意図しており、これまでの都市政策に文化・歴史的視点を持ち込むなどの新しい投げかけを行っている。

第Ⅲ部　都市圏を支える広域連携

第９章　都市を支える広域都市圏

第１節　広域都市圏と都市の競争力

「都市圏」や「地方圏」という言葉が慣用的に使用されるが、その境界は曖昧である。人口規模に関係なく市制を敷いているすべての地方自治体について都市圏という用語が使われる他方で、大都市圏に対して地方圏という言い方がされるし、東京に対して地方という言い方も一般的である。本書では、広域都市圏という時には、主に三大都市圏とそれに次ぐ札幌市や仙台市、広島市、岡山市、福岡市などを中核とする広域圏を想定している。広域都市圏は、規模による違いはあるが、首都圏では東京都を含む関東全域、近畿では六府県の圏域、中部圏では愛知県を中心とした中部五県の相当部分、福岡圏では九州の北半分部、札幌市や仙台市、広島市、岡山市などでは、それらを囲む数十キロ圏内程度が想定される。

大都市圏でも地方都市圏でも、一つの都市はこれらの広域的な都市圏に属していて、そこに含まれるさまざまな役割を持った他の都市と機能を相互に利用し補完し合って動いており、それが広域都市圏の総体的な力になっている。

これからの都市の競争力の強化からみた時、考えるべきこととして次の三つがある。すなわち、

（1）広域都市圏で考える、

（2）広域圏の都市の交流・連携に必要な制度や仕組みを具体化する、

（3）連携の担い手を育成する、

である。

本章では、最初に第2節で、特に新しい公共について、広域圏内の各地で展開される活動を互いに結び付ける舞台を提供し、広域都市圏の機能を強化する仕組みがどのようなものかを関西の歴史街道計画についてみる。次いで続く第3節では、新しい公共の役割に限らず、一般的に広域都市圏の都市の交流・連携はどのような意義と課題を持っているか、そのためにどのような制度が求められるかについて、大都市圏の事例を通してみることにする。

第2節　新しい公共を繋ぐ広域連携——関西の歴史街道計画

新しい公共が担う広域の都市連携

都市で活動する新しい公共は、これまでの事例でみたように、現在では都市機能の高度化に欠かせないが、通常は限られた地域と分野で活動している。

これらの新しい公共の活動は互いに交流・連携することによって強化されるが、それは都市圏の新

しい公共にとっても、それほど簡単なことではない。互いの活動情報が不足していることもあるし、情報があっても交流のきっかけがつかめないとか、連携しても性格が異なる組織の協働をどのように維持させるか等々、難題が待ち構えている。

このような新しい公共の間に立って触媒の役割を担うのは、中間支援機能を持つ組織である（第２章第2節）。中間支援組織の活動も多様だが、一つに各地域・各分野の新しい公共について情報を把握し、それらを個々に結び付ける機会を作る役割がある。企業がＣＳＲ活動として、例えば自然環境の保全や地域づくりの取組みを行おうとしている時、活動のパートナーとしてのＮＰＯが大事であるが、それを紹介し継続的な関係の維持を世話することなどである。

他方、数多くの新しい公共を広域でネットワーク化し、協働を実現する機能を担う中間支援組織もある。「シーニックバイウェイ北海道」の事業は、「一般社団法人シーニックバイウェイ支援センター」が中心となり、新しい公共の地域づくりの活動をネットワーク化して地域を活性化するとともに、全道の観光の振興によって拠点としての札幌市の中枢機能の強化に貢献している。シーニックは「景色が良い」という程度の意味であり、バイウェイは「寄り道」である。観光ルートに乗った有名な観光地ではなくても、その周辺では特産品の開発販売や地域の自然環境の保全などさまざまな取組みが住民やＮＰＯ、企業などによって行われている。それらの多くは生活の必要性に迫られた取組みでもあるが、活動している人びととの触れあいは訪れる人の共感を呼ぶ。それらをルート化する事業がシーニックバイウェイであり、民間と行政の協働で実施されている。

このような広域的な取組みで中間支援機能を担うのは、経済団体や市民、行政、大学などの地域の機関が集結した地域協議会や財団法人、社団法人などである。都市圏の個々の新しい公共の活動も、上述のように、日常の身の回りの必要性から実施されているものが多く、必ずしも広域的な視点で活動しているわけではないが、これらの中間支援組織は、個々の新しい公共の活動に広域的な連携の舞台を提供しており、それによって個別の取組みは別の意味を持った活動に変身する。

全国に先駆けた広域連携

関西の歴史街道計画は、広域観光について各地域の新しい公共が参加する舞台を整備し、それによって広域都市圏の機能を強化することに貢献している。*

関西圏では、多分野に亘る広域的な連携が、長く民間と行政サイドの双方から模索され実行されてきた。広域圏の連携の過程は、必要性は認められつつも関西圏の中でも平坦ではなかった。圏域内には、大阪市・京都市・神戸市という歴史があって個性の強い三都があり、それに奈良市も加わって主張がぶつかり合っていた。

そうした状況を打ち破り、民間が主導し観光に関係する各地域の新しい公共の活動をつなげて広域化に取り組んだ嚆矢が「歴史街道計画」である。関西は、古来からの歴史的遺産や文化財を最も多く有する圏域であり、国宝の約六割、重要文化財の約五割が集中する。「歴史街道計画」は、それらの資源を活かすための広域的な連携事業であり、各地・各分野の新しい公共をつなぐネットワークを作っている。複数の府県をまたぐ横断事業であるが、この計画が実施されるまでは関西でも行政が作る隣県の観光地図は白紙だった。

話は一九八〇年代半ばに遡る。作家の堺屋太一氏が一九八六年に提案した「時間旅行」のアイデアが引き金となり、一九八八年に多士済々のメンバーが集まった京都座会から歴史街道づくりが提言された。それを受けた呼びかけ人の結成(八八年)、民間による事業研究(九一年)を経て、九一年に歴史街道推進協議会が発足し、翌年に取組みの指針となるマスタープランが作成された。

協議会は、当初、民間二六団体と行政三六団体で発足し、これが広域連携と公民連携のいずれの意味でも全国の先駆けとなった。二〇一〇年現在、協議会は、約四〇〇〇名の市民と関西の八府県、六五の歴史的地域、一二四企業などの二一七団体から構成されているが、任意団体である。任意団体には、団体として契約できないなどの不便があり法人格を取得する議論もあったが、民間と行政の連携の形を維持するために現行の形態が選択された。

協議会事務局は、民間からの出向者とプロパー職員によって運営されている。観光は各地域での現場の取組みが命であるが、それは各地の新しい公共が担っており、それらの広域的なつながりを支えているのが協議会で、協議会事務局が中間支援機能の持つ触媒機能を担っている。

地方の時代・文化の時代の流れを背景に、顔が無いと言われた日本への反省として関西で活動が始められた。東京追従に陥っていた関西の位置づけを見直すために地域が誇る歴史と文化に改めて着目して、関西人の負けじ魂が発揮された取組みである。

取組みの柱と工夫

事業の柱の一つ目は、歴史文化を活かし、親しみやすい地域をつくることである。これまで五〇地区を歴史街道モデル事業に指定し、歴史的な道や川、建物・構築物、案内表示などの整備、ウォークラリーなどが行われている。それまでは同じ地域内で、政府や府県、市町村、市民団体、NPOなどが個々ばらばらにいろいろな取組みをし、それぞれが勝手に看板を出したりしていた。しかしそれらを地域ごとに一本化して共通の歴史テーマを設定し、市民が主体となって行政と協働で活動が展開されるようになった。また九三年に始まった宇治市の源氏物語の街づくりを皮切りに、個々の取組みを、点(地域ごと)から線(地域の連携)につなぐことを目指していて、地域としての連携が蓄積されてきている。

二つ目の柱は、広域観光の振興である。これについては協議会が中心となってテレビ番組や出版、シンポジウム、首都圏などでのPR、ツアーやスタンプラリーなどが実施されたが、その他にも三四カ所での「歴史街道iセンター」と呼ばれる広域案内施設の設置、広域で連携した博物館事業、古道・街道の活用、二〇地域での語り部事業等々、極めて多岐に亘っている。

三つ目の柱は、海外への情報発信である。そのために、これまでに五〇回ほどアジア、北南米、ヨーロッパ、オセアニアなど世界各地でフォーラムが開かれている。その他にも北京放送でのラジオ帯番組、韓国教員の招聘、留学生ツアー、海外の記者や旅行会社・テレビ局の招聘、外国語案内板・ガイドブックの充実、一〇言語のＨＰ、海外の観光ルートとの交流等々が連携して行われている。

これからの計画として、世界遺産を活用した関西の観光地の再編成が企画されている。既に、広域計画の先導事業として、〇九年に関西の世界遺産と大都市圏を結ぶルートが提案され、百舌鳥《もず》・古市古墳群―飛鳥・藤原京―法隆寺―奈良―宇治・京都・大津―大阪・神戸―姫路城と、まさに古代から近世へと時間旅行の広域ルートが設定されている。また日本の精神文化の発信地である吉野・熊野と伊勢神宮の伊勢志摩地域の連携や、観光客に対する宿泊施設の推奨とネットワーク化、テストツアーの実施などさまざまな活動が展開されてきた。

歴史街道計画が開始されて二〇年以上が経過している。その中で講じられた工夫は多いが、主なものを列記すると、一つは相乗効果づくりである。ハードの整備は行政の役割であるが、それと民間のソフトが阿吽《あうん》の呼吸で連携し、合わせ技一本として地域資源を活かすことは、地域の魅力を高めていく上で大きな効果を生む。その他にも「地域vs地域」、「ソフトvsハード」、「観光vs地域づくり」など、多様な側面から工夫が凝らされている。

二つ目に、事業の絞り込みと負担軽減である。推進すべき事業分野を、全体事業・共同事業・個別事業に分けて絞り込み、誰が何をするかについて負担を明確にして掛け声倒れにならないようにすることである。スタンプラリーでもスタッフを各母体から派遣し、皆で負担できることは少しずつでも負担することが行われている。

三つ目に、三年ごとの事業評価と事業の見直しである。これは活動の初期から実施されてきたが、民間的発想に由来している。

四つ目に、収入の多様化である。行政からの会費は使用方法や使途が拘束されやすいという問題があり、協議会の自由度を増すため、資金について、会費以外に民間からの事業ごとの出資金や受託事業収入などを増やす努力が続けられている。

公民協働にまつわる悩み

各地域で活動する団体にとっては、NPO法人でも企業でも、新しい公共として広域的に活動し多様な団体と協働することは難しく、そのような能力が高いわけではない。県内の団体であれば県庁のしかるべき部署が音頭をとって県内の団体に協働を呼びかけることはできる。しかし都道府県の境を越えた広域圏では、各地方自治体は途端に慎重になる。県庁がお互いに連絡を取り合って協力体制を作ることはできるが、それには時間がかかる。行政は単年度の予算を使ってしまえばそれで終わりだし、熱意を持って取り組む担当者が異動すれば途端に熱意が冷めることもあって、でき上がった組織が脆い一面を持つ。一部事務組合のような組織があれば継続性があるが、特定部署の役職者の理解で成り立っている活動だと、それを求めることはできない。

協議会で中心になって活動しているのは松下政経塾出身者で、草創期から約四半世紀に亘って事務局を担ってきた。この事業は民間の発意に始まって、民間が主導し上手く公民の広域連携が図られた例であるが、課題も多い。

一つ目に、中間支援組織における民間と行政との協働の難しさである。協議会事務局は、現在プロパー五名に民間出向者八名で構成されているが、事業に必要な地方自治体との協働には苦労がある。PRでは、地方自治体ごとのビデオ時間の配分が平等であることが求められる。広域観光としては、まず人の流動総数を大きくし、次の段階で有力な観光資源のない地域にまで足を延ばしてもらう戦略が考えられるが、各地方自治体の理解を得ることは容易ではない。

二つ目に、行政の資金支援が安定しないことである。協議会の会費分担は、直近のデータで企業会員と個人会員が各々約四〇%、行政会員が約二〇%である。しかし政府の地方自治体への助成が大括りにされて、使途について政府の意向が反映され難くなっていることや、地方分権と政府出先機関の見直しによって、広域的取組みが行政支援の対象としてエアポケットに陥っていることがある。歴史街道計画が任意団体で運営されているため、政府補助の対象になりにくいことはあるが、このような懸念は歴史街道計画の取組みに限らず、多くの新しい公共の活動に共通である。

三つ目に、府県境にある観光地の問題がある。比叡山や伊賀・甲賀、城崎・丹後など府県境にある観光地は周辺地域であることの困難に直面している。そのため広域的な取組みでは、府県をまたぐことで成果が出る事業を優先すべきという視点が提示されている。

四つ目に、広域連携の一般的な課題であるが、広域協議会に行政が担っている役割の一部を持たせることができるかどうかである。広域的な取組み主体に、行政的な役割を持たせることは重要な課題である。住民の権利制限に関わるようなことは難しいだろうが、例えば関西圏全域での案内表示の統一を広域協議会などが直接できるようになれば劇的な変化が起きる可能性も出てこよう。できることから始めるという姿勢が求められる。

そして五つ目に、各地域での個々の新しい公共の取組みの活性化がある。歴史街道計画は、地域住民の各地域での取組みをネットワーク化していることに特徴があるが、地域住民の取組みは、必ずしも観光の目玉になるようなものではないし、それを目的にしているわけでもない。多くの場合、そこに住む人びとが必要としていることに取り組んでいるだけである。しかし前述のように、これらの地域の取組みは、時にそれらに直に触れる来訪者に感動を与える。歴史街道計画の事業は、地域の一つ一つの活動の積み重ねであり、そのような芽をいかに育て、人材を育成するかが問われている。

第3節　中枢都市を支える広域都市圏

都市群の構成

歴史街道計画にみられるような新しい公共の広域ネットワークは、全国の都市圏でいろいろな組織が触媒となって展開されており、広域圏の都市の連携による中枢都市の機能強化に貢献している。新しい公共は広域連携の担い手として大きな役割を担っているが、次に新しい公共に限らず、そもそも広域都市圏は都市の機能強化にどのような意味を持っているか、求められる制度はどのようなものか、課題は何かという側面から考えてみよう。

農業経済学・地域経済学で有名なチューネン圏は、一つの都市圏について、核となる中心部での中核的業務や商業機能、それらを囲む住宅都市群、周辺の牧畜・農地・山林などのさまざまな機能がどのように分布するかを、中心部からの距離や移動費用、各機能が負担できる地代などの考え方を使いながら理論的に説明しており、中核部の規模が大きいほど、一つの都市圏の地理的範囲は大きくなることを示している。

チューネン圏は最も素朴な都市圏のモデルであるが、交通・通信の発達した現在では広域都市圏はこれら大小の都市圏がアジサイの花のように多数集まって構成されている。とりわけ国際的な拠点として機能する現在の大都市圏では、中核部の業務・商業機能といっても分野も役割も多様だし、広域都市圏を構成する都市のそれぞれで機能の特化も進んでいる。世界的な広がりを持った中枢機能を担う業務・商業都市地域もあれば、日常生活のローカルな住宅・商業機能を担う周辺部のベッドタウンもある。それらに加えて学術研究に特化した研究学園都市や製造業に特化した企業城下町、観光・レジャー地域、歴史文化都市、国際空港・港湾などの交通拠点都市、農業牧畜地域の機能を持った都市等々と重層的であり、外周部のそれらを囲む山林地帯や水源地を擁する都市も、重要な都市圏機能の一部を担っている。

出てきた広域圏への理解

広域都市圏の都市群は互いに交流・連携することによって競争力が増すという認識は次第に共通に

なってきており、それらの互恵関係を再確認する気運は出てきている。典型は上述の観光である。一〇年ほど前までは、各県が作る観光計画でも隣県についての言及は御法度であり、地方自治体のホームページも行政区域内の観光地だけを取り上げていた。しかしその後、観光に取り組む民間団体や行政の意識は急速に変化し、都府県の境界を越えた広域観光は、今では当たり前になっている。

一般市民が広域都市圏を一体的な圏域として認識する契機として、一つにはライフスタイルの変化がある。都市住民の森林・自然への欲求が強くなっており、田舎への日帰りや数日滞在する二地域居住、河川の上流域と下流域の交流、水源地の山林・田畑の維持管理などの取組みが大都市圏の住民の間で増えてきている。

二つ目にそれと関係して、大都市が、食料や環境、エネルギーをはじめとする資源を他地域に依存していることがある。わが国の食料自給率(カロリーベース)が約四〇%で、その低さが話題になるが、農林水産省の統計(二〇〇九年度)によると東京都や神奈川県の自給率は一～三%程度であり、埼玉県でも一一%程度である。電力についても、水資源についても、産業廃棄物の処理についても、また二酸化炭素を吸収する森林資源についても、首都圏は他県に大きく依存している。

三つ目は、観光やコンベンションなどの人の誘致が圏域の共通課題になっていることである。学会などの国際的なコンベンションの開催では、参加する外国人にとっては会議後の過ごし方も大事であり、広域都市圏の周辺部に拡がる自然や歴史・文化は大きな関心事である。国際空港・港湾は、広域都市圏の共通の資産として認識されている。

四つ目に、東日本大震災によって都市圏の常時の連携の重要さが浮上したことがある。大規模災害時の危うさを露呈したのは特に首都機能であるが、首都機能の強化に必要なことは、それをバックアップできるソフトの広域ネットワークであり、非常時にどこで誰が意思決定をするかの仕組みだろう。それと同時に首都圏だけでなく、大阪圏や名古屋圏の三大都市圏や各地の都市圏が甚大な被害を受けて機能不全に陥った時、互いにどのようにバックアップするかの広域都市圏相互の連携も大きなテーマになっている。広域都市圏での知事・市長や経済団体の長の定期的な会合はマンネリ化した年中行事のようにも見えるが、非常時のバックアップ機能の基盤になる。姉妹都市の連携や遠隔地の市民団体相互の交流などは常時の楽しみであるが、非常時にはしなやかな強さを発揮することが市民にも実感されている。

わが国の都市圏の連携を考える時、鉄道の持っている意味は大きい。第一に、全国の都市圏では、主に鉄道を軸に沿線都市が形成されており、自動車交通が発達した現在でも、鉄道が都市圏の形の決め手になっていることが多い。第二に、広域圏内の諸都市や三大都市圏が新幹線で結ばれていることである。一九六四年に東海道新幹線が開通し、徐々に新幹線網が拡大されてきつつあるが、広域圏内の主要都市とともに広域都市圏が相互に高速鉄道によって結ばれ、基幹的な交通手段になっていることは他国に例のない大きな特徴である。やがて三大都市圏はリニアモーターカーにより約一時間で結ばれる。それによって七〇〇〇万人の人口が日帰り交流圏に住むことになるが、これは国土を考える上で大きな意味を持っている。人口の首都圏への一極集中は世界的に起こっていることであり、わが国特有のことではないが、リニア鉄道は東京—名古屋—大阪の東海道全体をメガロポリスとして巨大な一極にする可能性を持っている。これは世界でも例のない壮大な試みである。

広域連携への理解の難しさ

広域都市圏の個々の都市は、互いに連携することによって機能しており、規模の利益と範囲の経済の相乗効果はここでも期待される。しかし広域都市圏は、産業活動や日常生活で必要に応じ機能していても、日常の営みを越えた交流・連携を実行するとなると依然としてそこには広域であることの厳しい現実があり、分野の広がりが限定される。

一つには、行政の強い縄張り意識がある。地方自治体の行政職員にとって行政区域は国境と同じようなものであるが、これは個々の都道府県については空港や港湾などの大規模施設のフルセット主義として現れるし、市町村については総合病院や大規模ホール、総合スポーツ施設などを一つの市町村ですべて抱え込もうとし、非効率行政の見本として批判されてきた。地方圏の市町村の中には過去の隣人関係の経緯があって、他の市町村の住民が自分の所に立地する施設を利用することを内心で忌避するようなこともある。また名古屋市のような大都市でも、広域圏の中心としての都市機能施設や中枢機能だけでなく、狭い市域に工場や田畑まですべてを取り込もうとする傾向があり、広域圏での役割分担といっても、役所の現場の担当課にまで理解が行き届いているとは言えない。国土形成計画（第六次国土計画、三二一頁以下参照）が、これまでの五次に及ぶ全国総合開発計画（全総）と異なる大きな特徴は、政府の計画である広域地方計画を各広域地方圏が主体的に作ることにある。しかし、その際にも、結果として各都市圏の役割が明確にならないまま計画が作られ、プロジェクトが圏域内の地方自治体で山分けにされたりして、一体的な計画になりにくい。

二つ目に、住民などの間で圏域の一体感が薄いことがある。一つの都市内でも、合併で新しくできた広い市域などでは、必ずしも生活圏や経済圏あるいは文化・歴史圏として一体感があるわけではない。それが更に拡大した広域都市圏では、さまざまな事柄について一つになって取り組むことの意味を市民感覚で理解することは一般には難しく、各地域で活動する新しい公共の間の交流・連携も生まれにくいことがある。

都市の広域連携は、広域都市圏の個々の都市の活力に欠くことができないが、各大都市圏で実施されている取組みは、実施にあたっての課題にも直面している。以下では、大都市圏の各都市の広域連携でみられる特徴と課題、および必要な制度や仕組みについて、事例に沿いながら重要と思われる点を整理しておこう。

広域連携の特徴と課題(1)――グレーター・ナゴヤ・イニシアティブ

名古屋圏では、二〇〇四年からグレーター・ナゴヤ・イニシアティブ(GNI)と呼ばれる広域連携事業が実行されている。日本では海外からの投資や外国企業の立地が少ない状況がある。とりわけ名古屋圏はものづくりの中心地を誇っているが、海外からの投資が少ないという課題を抱えてきた。都市の競争力では人・もの・情報の吸引力が大事であるが、海外投資を呼び込む力もその一つである。*

ＧＮＩは、名古屋市を中心に半径八〇キロから一〇〇キロ程度の圏域を対象にしており、愛知県全域と岐阜県・三重県の一部を含んでいて、ＧＤＰの規模では世界一八番目に相当する。これまで各県・各市がばらばらに外国企業の誘致活動を行ってきたが実績が上がらず、観光振興や魅力ある街づくりの事業などと協働して市民を巻き込みながら、海外からの投資拡大に向けて広域的な取組みが始まった。

活動の中核は公学民が参加したグレーター・ナゴヤ・イニシアティブ協議会（ＧＮＩＣ）が担っている。活動は多様であり、世界への地域情報の発信や商談会の実施、国内外展示会への出展、海外ミッションの派遣、海外企業の現地視察の招聘など、誘致活動のメニューとして想像できる限りの事柄が実施されている。更に圏域への投資が決まると、進出支援としてインキュベータ施設の提供や法務・財務サービスの提供などが一つの窓口で行われる。加えて外資比率五〇％以上の進出企業に対しては、登記費用や司法書士など会社設立に要する専門家の経費や人材募集経費、マーケティング調査費などの一部がＧＮＩから助成される。海外企業の誘致には、外国人居住者の子弟の学校や医療機関の世話、地域社会との融和などが求められるが、それらは幅広い市民活動との協働で取り組まれており、この種の活動として特筆に値する。

この取組みは圏域として一定の成果をあげている。しかし他方で、直接の目的である海外企業の進出について地方自治体によって大きな差が出ており、そのため協議会のメンバーから市町村が脱退する可能性を絶えず孕んでいる。また広域的な取組み特有の問題であるが、設立時には名古屋市域を越えた圏域に対し「ナゴヤ」の呼称を使うことに他の地方自治体の強い抵抗があった。しかし知名度やブランド力の高い都市名を使用することが都市の競争で効果的であることは、諸外国の事例から理解されており、最終的には、関係自治体も「ナゴヤ」の呼称を用いることに合意した。これらの県相互や県境を越えた市町村の協働と事業継続において触媒機能を担っているのが政府の地方機関である。二〇〇六年の活動開始以来、着実に活動が続けられているが、その一つの要因はここにある。

広域連携の特徴と課題(2)――九州圏の広域連携の取組み

九州は、日本の西端という地の利を活かしてアジアのゲートウェイを謳ってきたが、中でも福岡市を中心にした九市八町から成る福岡圏域はコンパクトな圏域に約二四〇万人の人口を擁し、ここ二〇年の人口増もあり勢いの強さを持っている。*

九州では戦後すぐから「財団法人九州経済調査協会」が、公民学の協働した広域的シンクタンクとして活動している。これはブロック圏では稀有のことであるが、現在では約四〇名の職員を擁していて、『九州経済調査月報』や『九州経済白書』などの定期刊行物の発刊、調査研究活動、政策提案など九州の知恵袋になっている。

こうした歴史を背景に、九州での広域的な協働の取組みは多様である。他の広域圏でも同じだが、これまで、「九州は一つ」の標語を掲げながら、実際の各県の行動は「一つ一つ」としか感じられない、などと揶揄されてきた。しかし九州でも、長くさまざまなレベルの協働した取組みが行われてきており、「九州は一つ」を実現すべく、行政と経済界、大学・高専などが協働してアジアとの交流、産業振興、研究開発、社会資本整備などの活動が個別具体的に展開されるようになっている。

協働が最もよく現れているのが広域観光である。広域観光は関西などと並び全国に先駆けて活動が実施されているが、二〇〇五年に民間企業と民間団体、行政が協働して「九州観光推進機構」が設立され、各地の住民団体を巻き込んで国内外への観光プロモーション、モデルルートの開発や旅行商品の企画、各地での取組みなどが実施されている。年間約四億円の事業予算は全国の他圏域と比べ突出しており、二〇名を超えるスタッフによる活動が展開されている。しかし、県境や業種の垣根を越えた超域連携を旗印にしているものの、各県の出向者が共同で仕事をしているため、出身県の利害を代弁する気持ちが入ってくる事は避けられず、時間をかけながら一体感を醸成する努力が払われている。

九州圏がまとまりをもって行動することには、将来、道州制が導入される時に円滑に移行する狙いもあるが、九州圏域ではこれらの取組みを下地にして、福岡圏の国際競争力を強化するため、二〇一一年四月に新たに公民学の連携で福岡地域戦略推進協議会が設立された。事務局は、地域戦略づくりや具体的プロジェクトの進捗管理、予算管理などを担うが、単に実務を担当するだけでない。専門家を専任スタッフとして集めた「シンク＆ドゥタンク」として、企画立案と実施の両面を担う新しいタイプの組織像が描かれており、協働で福岡圏の国際競争力の強化のために、徹底した地域診断や成長分野の選択、プロジェクトの進捗管理を行うことを目的としている。

広域連携の特徴と課題（3）——三遠南信地域の取組み

三遠南信地域は、愛知県東端の豊橋市などの東三河地域、静岡県西端の浜松市を中心とする遠州地域、長野県飯田市などの南信州地域の三県にまたがる圏域の通称である。世界的に知られた輸送機器や楽器メーカーなどの発祥の地で、現在も多くの著名な企業が立地しているが、ミカンや木曽檜、養殖ウナギ・スッポンなど農林漁業や観光資源にも恵まれている。この地域では、市町村の広域連携が経済団体などと協働して構築されており、現在二七の市町村が参加していて、対象となる圏域人口は約二三〇万人に及ぶ*。

この地域での連携の歴史は長い。一つには、古くから塩の道を通じた連携や天竜川水系としての交流の歴史があり、流域圏で文化が共有されてきたことがある。二つ目に、いずれの地域も県都から離れていて独立独歩の気概がある反面、進むべき道を自ら模索しなければならない環境にあることである。

現在の活動は二〇〇八年に設立されたＳＥＮＡ（三遠南信地域連携ビジョン推進会議）が担っている。ビジョンには、中部圏の中核となる二五〇万流域都市圏の創造を目指し、概ね一〇年間を目標期間として産業集積や環境への取組み、中山間地域の活性化など圏域の歴史や文化、地理を踏まえた五つの基本方針が掲げられていて、広域全域の参加と行政・民（企業）・市民・大学などの主体別の事業イメージを明確にして事業が実施されている。

ＳＥＮＡは、前述の事例と異なって市町村が核になった連携であるが、一部事務組合のような既存の行政事務の広域展開とは異なっており、分野も極めて多岐に亘っている。そこから他地域での広域連携にも共通したいろいろな課題が出てきている。

第一は、三県との関係である。現在三県は参加しておらずオブザーバーであるが、産業政策は県や政府が担っており、県の参加にはメリットがある、しかし一方で、参加によってＳＥＮＡの意思決定が煩雑になる恐れがある。市長の中には協議会の機能は「県」と同じだと言う人もおり、広域連携が進むほど現在の県の役割は形骸化することも考えられる。

第二は、市議会との関係である。現在は、議会の決定を必要としない事業を中心に進められている。選挙区が狭い市会議員にとっても、広域連携はさまざまな情報の入手経路として関心が高く、議会は広域的な取組みに理解を示しているが、蚊帳の外に置かれている感覚も持っている。しかし議会手続きが必要になってくると、事業のスピードが損なわれる恐れが出てくる。

第三は、地域による関心の濃淡である。歴史的には豊橋市が最も活発に活動していた。近代になって飯田線の建設が計画に上った時、中心となったのは一方の終点駅の豊橋市である。しかし三遠南信自動車道の整備が表に出てきてから、豊橋市にとって連携のメリットが分かりにくくなった。新しい自動車道は遠州と南信州を結ぶ道で、浜松市の経済が更に北に伸びることを意味しており、浜松市の経済力が豊橋市よりも強くなってきていることもあって、関心の温度差が表面化している。

第四に、各地方自治体の役割分担の難しさである。連携には役割分担が求められるが、これは簡単ではない。首長にしてみれば、身近な生活支援機能は当然であるが、総合病院や高校、設備の整ったホール、総合スポーツ施設などの大型公共施設でも、斎場やゴミ焼却場などの迷惑施設は別だが、自分の行政区に整備しなければ業績にはならない。

第五に、事業性の確保である。民間企業と連携すると、個々の取組みに事業性が求められるが、企業が求める事業性は、地方自治体に求められる公平性と反する場合があり、行政と民間の行動規範の差異の克服に悩む局面も予想される。

その他にも、公民連携の事業では政府の支援措置などとの関係で複数省庁との接触が必要になるが、政府の窓口が総合化されていないことなどは、他の取組みと共通する悩みである。

広域連携には、事務局体制ひとつをとっても難しい問題がある。事務局は現在は浜松市役所に置かれていて、三市から職員が派遣されている。しかし研究には民間企業が億単位の資金を拠出しており、将来、民間からも事務局への人材派遣が必要になる可能性があるが、事務局が役所に置かれると役所の論理が優先し民間が参加しても行政に埋没してしまう恐れがある。

SENAは現在は任意団体であるが、実質的な意思決定の機能も持っている。これを、米国・ピッツバーグ市の巨大な街づくりNPOなどにならってNPO法人とすることも議論されてきた。また市長によっては地方自治体の広域連合を主張し、別の市長は民間を主体とした事業組合的な体制を主張している。資金調達を考えると、独立した事務局を設置し、決議機能を持つ準行政的な機関の性格を持った体制が考えられる。これは関西の歴史街道推進協議会でも同じであるが、このような広域連携を政府が認知すれば、協議会への政府関係の補助金支給も可能になる。

第10章　しなやかに強い国家の構築

第1節　都市圏の虚像と実像

大都市圏は日本を牽引できるか

東京へ諸機能が集中する中で、大阪圏や名古屋圏は、それぞれが独自の道を進んでいるが、大都市圏はわが国の資源を吸収して活動しており、個々の地方圏とは異なって、国を牽引することへの期待は大きい。わが国の新たな発展のサイクルの起爆地は広域都市圏、とりわけ大都市圏である。しかし大都市圏の問題は、他の大都市圏が東京への対抗力として育っていないことにあるのではないか。

幾分、表面的な見方をすると、三大都市圏にもそれぞれ思惑が交錯しているように思う。首都圏は、東京一極集中が日本にとってよいことだということの理論武装に熱心であり、その他方で地方圏が東京に寄りかかっていることへの抵抗感がある。

大阪圏は、経済が厳しい状況にある中で、都市圏としての位置づけの確保に危機感がある。大阪圏では長く二眼レフ論が唱えられていた。二眼レフは一時代を築いたカメラの名称で、覗いて画像を見るファインダー・レンズと撮影レンズが通常は縦に一列に並んでいて、両者が一体となって機能する構造である。二眼がそれぞれ東京と大阪に対応する。このような考え方は、昭和時代の最後の一九八五(昭和六〇)年頃までは国土政策の視点として説得力を持っていたが、次第に聞かれなくなった。その理由は大阪圏の経済力の相対的な低下である。ストックの大きさはあるが、一人あたり地域所得でみると近畿圏が中部圏にも抜かれたのは一九八〇年代の初めで、その差は年を追うごとに拡大している。企業の本社機能が大阪から次第に退出しているが、人口動態でも同じである。このような過程で二眼レフ論の中身が変化した。当初は首都圏と対峙して日本を引っ張る都市圏という意味で使われていたが、次第に首都圏の次の序列を名目で確保するための言葉になった。最近では、二眼レフに代わって「ツイン・エンジン」という言葉が使われているが、これは二眼レフの言い換えである。しかしより切羽詰まった響きがあり、大阪圏の沈下がこれ以上に進めば、日本全体が危なくなるという意味合いが含まれている。

大阪圏が、首都圏に対抗する経済力を失ったのは日本にとっての損失であるが、中部圏は、従来から先頭に立って日本を引っ張る意識は希薄である。地元で三男坊意識と言われるが、新幹線でも高速道路でも、東京と大阪が結ばれれば必然的に恩恵にあずかれたため、東京と大阪の後ろをついて行けばよいという意識がある。オリンピックに立候補するなど、前に出る機会を窺う側面をみせることはあるが、ものづくりの集積の厚さに自信を持っていて、根っこの所では、評価されようとされまいと、なんと言われようと言われまいと気にしないところがある。

虚像との闘い

日本というと中央集権国家で官尊民卑の国であり、政府に権力と資源が集中していると言われてきた。政府と地方自治体の間に上下意識があるとの指摘は現在も残っているが、もともと日本は民間活力の国である。

高速道路の建設に巨額の税金が投入され、車の走らない高速道路がつくられているという批判が根強い。しかし日本の高速道路は、大半は民間資金で整備されてきた。一九六三年に一部開通した名神高速道路はわが国最初の高速道路であるが、主に民間資金で整備され、利用料金で数十年かけて返済している。ドイツのアウトバーンは、最近でこそ一部で料金が徴収されるようになったが無料で、そもそもは軍事目的を背景に税金で整備されてきた。アメリカの高速道路も税金で整備され、無料で供用されている。日本の高速道路の民間資金による整備は先駆的なことであった。イギリスは、サッチャー政権の改革で行政機能の民営化や外部化など行政に民間手法を導入したが、その手本となったのが当時の日本の道路公団だった。日本はのちに、そのイギリスにならって行政事務や特殊法人などの独立行政法人化を進めた。

日本の発展では民間力が発揮されてきたが、それにもかかわらず中央集権的と言われるのはなぜか。一つには、国と地方自治体との関係からくる印象があるのだろうが、もう一つは行政と民間との関係も大きな理由ではないだろうか。東京大学を頂点とする学歴社会があり、最も優秀な者が大蔵省(現・財務省)に入省して辣腕を振るい、民間企業は官僚に対して特別の意識を持ってきた。官僚は国民の利益のために奮闘し、民間は自己の利益のために走るという単純な世論もある。

官僚の社会的地位が低下し、企業のCSR活動やソーシャルビジネスが活発になってきて、ステレオタイプの見方は急速に薄らいでいる。しかし、このような虚像が生き続けてきて、実態以上に政府に実質的な権限が与えられてきたのではないか。ここ四半世紀に及ぶ民間活力の活用や規制緩和はこの虚像との闘いでもあったが、それは現在の公民協働の活動にも投影されている。

自立と自律

地域の「自立」という言葉がしばしば用いられる。「自立」の持つ意味は時代背景によっても、対象地域によっても異なるが、東北圏や中部圏、関西圏、中国・四国圏、九州圏などの広域都市圏を対象にしている時には、経済的な「自立」を指していると解釈できる場合が多い。一方、地方圏の個々の市町村や複数の市町村にまたがる地域を対象にしている時には、経済的な自立よりも、「自律」の意味で用いられる。この時には、「住民が、よりよく生きることができるよう、自ら考え参加して取り組む」姿勢を言っている。

大都市圏が国の経済を先導し、それが地方圏に波及するのは発展の基本形だが、東京への一極集中が国土政策で肯定されたことはなかった。しかし政府と地方自治体の関係も対等なパートナーシップには程遠く、かつての全国総合開発計画では、政府が圏域の一つ一つの事業にまで事細かく指示し、地方圏はそれに従っていた。政府と各業界との間にも政府規制や許認可権限を背景にした関係が横たわっていて、各産業の業界団体は東京に集中せざるを得ない仕組みが、わが国の機能の中に組み込まれていたことは容易に想像される。

もっとも各都市圏が競争してこなかったわけではない。日本の各都市圏は、過去においても熾烈な国内競争を闘ってきた。しかしそれは、政府によって序列を付けられた競争だった。各地のインフラ整備には政府予算が不可欠だが、道路や空港、地下鉄などの社会資本は、政府によって格付けされた都市の序列に従って実施されてきたし、国立大学の校舎・設備の整備なども、東大や京大を頂点にして実行され、その他の地方の国立大学が、いくら頑張ってもそれを逆転することは事実上不可能だった。熾烈な競争ではあったが、序列から落ちこぼれないための競争であり、政府はそれを背景に隠然とした力を持っていた。

これからのわが国が目指すべき国土構造は、各広域都市圏が東京に依存せず、世界との独自のネットワークを持ち、自立した経済圏域を構成して競い合う姿だろう。広域都市圏は、自ら「アジアの中でいかなる地位を占めんとするか」について常に問い、独自の視点を持ち続けることが必要である。首都圏の経済が疲弊すれば、大阪圏や名古屋圏がそれに代わって牽引し、それらに疲れが出ると東北の仙台圏や九州・福岡圏が頑張っている等々、時代状況に応じて次々と異なる圏域が主役として交替しながら出現するようになれば、国土形成計画に言うところの、しなやかに強い国土が、暮らしと産業、大規模災害への対応についてつくられるのではないか。

第2節　鍵を握る都市圏の協調と競争

日本の文化を築く東京と地方の交流

近年、東京とその他の地域の間に意識の断絶が生まれていると感じることがある。東京人からの発言として、地方というのは東京が扶養しなければならない対象だという主旨のことを聞くことがあるが、このような意識は地方でも驚くほど一般的になっている。このような意識もわが国の閉塞感の現れだろうが、その背景には東京周辺で生まれ育った世代の急速な増加による東京と地方の相互のコミュニケーションの欠如と、各地域のコミュニティの弱体化がある。*

国土政策の基本は、都市圏と地方圏を問わず、各地域に根ざす文化を守り、育てることにある。現在では、日本の文化は東京のど真ん中で作られ世界に発信されるものだという認識が支配し、地方圏との関わりについての理解は薄い。しかし日本の文化の源は、全国の個々の町筋と、消滅の危機にある一つ一つの谷筋にあり、そこで涵養された文化が融合し完成したのが現在の日本文化だろう。それは江戸時代の参勤交代など、長い歴史の過程で交流・連携によって培われてきた。国際競争力を持つ産業も、各地の歴史と文化の中で生まれ、育ってきている。大都市圏と地方圏との断絶は日本文化や産業の底の薄さと脆さにつながる。

地方圏は、都市の水源や都市住民の憩いの場として必要なだけでなく、都市圏と連携して日本の文化と産業を育てる場として機能しなければならない。広域都市圏は、都市住民にとって身近に地方を感じることのできる連携を育て、安定感ある社会を構築する基盤である。

都市圏の競争はプライドの問題か

国や産業の競争力という時、それを計る指標はおおよそ共通している。国の場合には、人口や軍事・外交力、国内総生産の規模・成長率、貿易収支の黒字額、文化情報の発信力などがあげられる。産業の競争力では、特許数などの技術力や生産性、産業分野ごとの国際市場でのシェア、商品価格などがあるが、これらについては誰が考えても大きな差異はないだろう。

しかし大都市の国際競争力についてのイメージはさまざまである。都市人口や地域総所得（GRP）の大きさだけでなく、企業の中枢機能の立地や国際会議の件数、知的人材の集積、観光やビジネス目的の外国人の入り込み数や外国からの投資額、インフラの整備水準、外国語、特に英語が街なかで通じるかどうか、法人税や地価などのビジネスコストなども競争力の指標になる。この他に、都市としての格や個人が旅行者として街から受ける主観的な印象なども都市を語る時には重要だろう。

日本の大都市圏の地位の低下は、プライドだけの問題ではない。困るのは役所や一般市民よりも、国際的に事業展開する企業である。企業が進出先を考える時には、日本という国への進出が先に決まるのではなく、どの都市に出るかだろう。東京と北京を比べてどうか、大阪と上海を比べてどうかという視点で拠点を選ぶ。

日本の都市圏の競争力が低い背景として、将来の成長力や人口減少などで市場としての拡大が期待できにくいことはあるだろうが、政策の問題もあるのではないか。各都市圏は外国企業の誘致に一応熱心だが、それに見合う政策がとられていないという批判がある。これには政府の姿勢も大きく、もともと税制での優遇措置などが思い切りに欠けることは否めない。また二酸化炭素の削減目標が厳しいことや派遣労働者の原則禁止の問題等々、理念としては理解できても、企業経営には厳しい環境になっている。それが外国企業にとっては進出の妨げになるし、日本で生まれ育った企業にとっても、日本への忠誠心だけでは担えない負担になる。

前進する安定感ある社会

これまでの各章で、都市圏における新しい公共の多様な担い手の活動をさまざまな角度からみてきた。先進国に相応しい安定感ある社会というのは、程よい成長に支えられて、人びとがよりよく生きることを追求できる社会である。新しい公共はそのための社会の制度であり、そこで営まれるのは人びとの交流と連携である。

こうした活動は人びとの繋がりを生み、社会への参加が生き甲斐になる。同時に新しい公共の活動が多様な雇用機会を作り、時に新産業の創造を後押しする。わが国のような所得の高い国でも程よい成長は必要である。ある一人の生活者の状況を改善するのに他の誰かが犠牲にならざるを得ないゼロサム的状況では、円滑な社会運営が難しい。しかしそれは、高度成長期のような、国民の「もの」への強い欲求とそれを背景にした企業の投資活動の相互作用による成長とは異なったものだろう。程よい成長というのは、高い成長に固執せず、これまでに蓄えられた社会資本や、個人や法人が所有する金融資産などの分厚いストックを生かすことによって生み出される需要の堅実な伸びと、高度な生産技術によって支えられた成長である。特に少子高齢社会における人びとの需要の堅実な伸びは、社会での繋がりによる生活への安心感があって初めて可能になる。程よい成長に支えられた安定感ある社会は、過去の営みによって積み上げられたストックの上に立ち、激増する高齢者や多くの人びとが社会と繋がることなくしては実現されない。

日本の経済水準は世界トップクラスにあるが、人口減少や高齢化などの背景に加え環境問題が世界共通の関心事になっていて、かつてのような大量消費が主導する高い経済成長を求めるべきではないし、ものへの欲求が満たされた経済社会では、それを求めても無駄である。高い経済水準に到達し、飢餓の恐れのない日本社会では、所得の多さだけが満足の基準ではなく、人びとはそれ以外の公共心や社会との繋がりを同時に重視する。そこに人口が減少し高齢化が進む社会において、しなやかさを備えた強い国家を構築する鍵がある。

注

第1章第1節

・四頁　例えば、Panos Mourdoukoutas, *Japan's Turn: The Interchange in Economic Leadership*, Lanham: University Press of America, 1993.

・五頁　内閣府「国民生活に関する世論調査」各年度版。

・一〇頁　IMD世界競争力年鑑(各年版)。

・一〇頁　内閣府「大都市圏に関する世論調査」二〇一〇年。

・一一頁　例えば、アジアの主要都市で勤務する者を対象にした「二〇〇六年アジアビジネスパーソン意識調査(森ビル)」によると、アジア地域におけるビジネスの中心都市について、東京を中心都市とする者の割合は、回答者五二四人中二一%で三位であり、香港(三二%)に次いで上海(二二%)やシンガポール(二〇%)とほぼ並んでいる。しかし五〜一〇年後については、上海(五五%)が大きく伸びているのに対して、香港(一六%)、シンガポール(一一%)、東京(一〇%)となっていて、東京の位置づけが相対的に低下すると予想されている。

第1章第2節

・一四頁　内閣府「大都市圏に関する世論調査」二〇一〇年。

・一八頁　奥野信宏『公共経済学(第3版)』岩波書店、二〇〇八年、図8-4参照。地域間所得格差の国際比較についての国土審議会資料(二〇〇八年度)によると、わが国の一人あたり地域間所得格差は主要二六カ国のうちスウェーデンに次いで二番目に小さい。データは二〇〇一年(一部の国については二〇〇〇年)についてのジニ係数値で、わが国については一人あたり県民総生産が使用されている。

第2章第2節

• 三四頁　経済産業省「ソーシャルビジネス研究会報告書」(二〇〇八年四月)による。奥野信宏・栗田卓也著『新しい公共を担う人びと』岩波書店、二〇一〇年、表4-1参照。

第3章第1節

• 四三頁　日本住宅公団は現在の「独立行政法人 都市再生機構」である。

第3章第2節

• 五〇頁　柏の葉プロジェクトについては、現地調査と関係者からのヒアリング、柏市、柏の葉アーバンデザインセンター、三井不動産、国土交通省等の資料による。

第3章第3節

• 五六頁　三鷹市の取組みについては、現地調査と関係者からのヒアリング、三鷹市、まち鷹、シニアSOHO等の資料による。

第4章第1節

• 六二頁　フュージョン長池の取組みについては、現地調査と関係者からのヒアリング、フュージョン長池、八王子市等の資料による。

第4章第2節

・六六頁　福岡市学校まるごと緑花大作戦の取組みについては、現地調査と関係者からのヒアリング、福岡市、ＮＰＯ法人等の資料による。

第5章第1節

・七一頁　中小企業庁等の資料によると、一九八〇年代半ば頃までは開業率が廃業率を上回っていたが、八〇年代半ば頃に両者は逆転し、それ以降は廃業率が開業率を上回る状態が続いていて、事業所数は減少している。

・七三頁　世田谷ものづくり学校の取組みについては、現地調査と関係者からのヒアリング、世田谷区、株式会社ものづくり学校等の資料による。

第5章第2節

・七七頁　ちよだプラットフォームスクウェアの取組みについては、現地調査と関係者からのヒアリング、千代田区、スクウェア等の資料による。

第5章第3節

・八二頁　東大阪市高井田地区の取組みについては、現地調査と関係者からのヒアリング、東大阪市、高井田まちづくり協議会、国土交通省等の資料による。

第6章第1節

・九二頁　東京丸の内地区の取組みについては、現地調査と関係者からのヒアリング、三菱地所、東京都等の資料による。

第6章第2節

・九七頁　札幌市の取組みについては、現地調査と関係者からのヒアリング、札幌駅前通まちづくり(株)、札幌市、国土交通省等の資料による。

第6章第3節

・九九頁　セントラルイースト東京(CET)の取組みについては、現地調査と関係者からのヒアリング、CET、東京都等の資料による。

第6章第4節

・一〇三頁　横浜市中区寿町の取組みについては、現地調査と関係者からのヒアリング、コトラボ合同会社、横浜市、国土交通省等の資料による。

第7章第2節

・一〇九頁　大阪府門真市の取組みについては、現地調査と関係者からのヒアリング、幸福町・垣内町・中町まちづくり協議会、門真市、内閣府等の資料による。

第7章第3節

・一一三頁　東京都千代田区3331 Arts Chiyodaの取組みについては、現地調査と関係者からのヒアリング、合同会社コマンドA、東京都等の資料による。

第7章第4節

・一一四頁　横浜市中区黄金町・初音町の取組みについては、現地調査と関係者からのヒアリング、黄金町センター、横浜市、国土交通省等の資料による。

第7章第5節

・一一九頁　リチャード・フロリダ／井口典夫訳『クリエイティブ・クラスの世紀』ダイヤモンド社、二〇〇七年（Richard Florida, *The Flight of the Creative Class: The New Global Competition for Talent*, New York: Harper Business, 2005）。

第8章第4節

・一三一頁　社会関係資本の三つの意義については、ロバート・D・パットナム／河田潤一訳『哲学する民主主義――伝統と改革の市民的構造』ＮＴＴ出版、二〇〇一年（Robert D. Putnam, *Making Democracy Work: Civic Traditions in Modern Italy*, Princeton: Princeton University Press, 1993）参照。

第9章第2節

・一五四頁　関西の歴史街道計画の取組みについては、関係者からのヒアリングの他、歴史街道推進協議会資料、国土交通省資料等を参照している。

第9章第3節

- 一六六頁　グレーター・ナゴヤ・イニシアティブの取組みについては、関係者からのヒアリングの他、GNIC資料、経済産業省中部経済産業局資料、国土交通省資料等を参照している。
- 一六七頁　九州広域圏の取組みについては、関係者からのヒアリングの他、九州地域戦略会議や九州経済調査協会、国土交通省等の資料を参照している。
- 一六九頁　三遠南信地域の取組みについては、関係者からのヒアリングの他、三遠南信地域経済開発協議会資料、国土交通省資料等を参照している。

第10章第2節

- 一七八頁　首都圏で生まれ育った世代別人口の動態については、奥野信宏『地域は「自立」できるか』岩波書店、二〇〇八年、表1参照。

あとがき

「安定感ある社会の構築」という言葉に込められているのは、変化に乏しい社会ではなく、常に前に進む社会への期待である。本書では公共心に富んだ人びとの行動と、人びとの繋がりがある社会の構築を強調してきた。わが国では、何を豊かと感じるかについて一人ひとりの価値観が異なってきているが、多様な価値観は地域に生活する人びとの意識と活動する場の多様性を尊重することによって現実化される。そこにあるのは、環境に過度の負荷をかけることなく営まれる草の根的な創造性である。それが生き甲斐になり程よい成長を後押しする。これからの日本には、このような視点が不可欠なのではないだろうか。

本書でみてきた、都市圏における新しい公共の多様な担い手の活動は、都市圏における公共性について考えることに他ならない。それがわが国の新しい発展の起爆剤になる可能性を持っている。

都市圏でも人口減少と高齢化が急激に進展するが、都市生活においては高齢者支援や子育て支援、防犯などさまざまな観点から、行政依存でなく住民が支え合っていくことが必要になってきている。匿名性に庇護されながら自分の権利を主張する人間像でなく、私的事柄への関心と同時に外部との関係を自覚し、公共生活への貢献を厭わない人間像が求められる。キャリアを積んだ活力のあるシニア層の増加など、このような人的資源は都市部に豊富に存在する。

都市部の生活様式と空間形成のいずれの面においても、行政主導から、市民や企業などの民間の自覚的で草の根の活動を重視する方向への転換が進みつつあり、それは緩やかな繋がりで構成される多様なコミュニティの力によって実現される。現代の都市の実態は、都市空間ひとつをみても、道路や公園などの公的施設(公共空間)と、私有財産中心の建築物群(私的空間)の二分論では説明できないし、私的空間でも新しい公共による公共的な多様な活動が展開されている。道路についても、東京丸の内の仲通りの歩道の半分以上は沿道の民間企業の敷地であるが、歩行者がそれを意識することはまずないのではないか。行政が提供する公的空間は、本来の行政の役割や厳しい財政などを考え合わせると、量・質とも最低水準を保証することにならざるをえない。多様な街づくりに向けた新しい公共の担い手たちによる上質な空間形成への取組みは、より一層重要なものとなってくる。

例えば、広場は都市の中で、人が行き交い、集い、交流するコミュニティ空間として、今後ますます価値を高めていく。二〇一一年に成立した都市再生特別措置法の改正では、広場などの都市の公共空間に市民による管理を促す協定制度が創設された。この制度は、地域住民が緩やかな繋がりで都市の共有空間(コモンズ空間)を形成していくことを期待しているが、市民が積極的に公共的活動を行う土壌ができつつあることの証左でもある。

江戸時代には、床屋や銭湯がコミュニティ空間であったことは、滑稽本でも伝えられている。江戸時代まで遡らずとも、かつての横丁や井戸端などと類似した空間の再生につながるケースも出てこよう。都市空間をつくるのは、コミュニティ空間の形成への関心を持った新しい公共の多様な担い手の存在である。

奥野信宏
1945年島根県生まれ．京都大学大学院農林経済学専攻修士課程修了．名古屋大学経済学部教授，同学部長，同大学副学長を経て，現在中京大学総合政策学部教授，学校法人梅村学園理事．専攻は理論経済学，公共経済学．最近の著作に『公共の役割は何か』(2006年)，『地域は「自立」できるか』(2008年)，『公共経済学 第3版』(2008年)，『新しい公共を担う人びと』(共著，2010年，いずれも岩波書店)がある．

栗田卓也
1961年大阪府生まれ．84年京都大学法学部卒業，建設省入省．89年ケンブリッジ大学土地経済学修士．建設省都市局・住宅局，国土交通省国土計画局などを経て，現在復興庁参事官，東京大学公共政策大学院特任教授．最近の著作に「エリアマネジメントとシードマネー」『都市住宅学』67号(共著，2009年)，『新しい公共を担う人びと』(共著，2010年，岩波書店)がある．

都市に生きる新しい公共

2012年7月24日　第1刷発行

著　者　奥野信宏《おくののぶひろ》　栗田卓也《くりたたくや》

発行者　山口昭男

発行所　株式会社 岩波書店
〒101-8002 東京都千代田区一ツ橋2-5-5
電話案内 03-5210-4000
http://www.iwanami.co.jp/

印刷・三陽社　カバー・半七印刷　製本・牧製本

ISBN 978-4-00-025851-7　Printed in Japan